Helga Pöttinger

HARMONIE UND HEILKRAFT
DURCH EDLE STEINE

Pinguin-Verlag, Innsbruck

Text: Helga Pöttinger, A-6130 Schwaz
Kapitel „Chakren und Sternzeichen": Heidi Grießenböck, A-6200 Jenbach
Umschlag: Günther Pöttinger, A-6130 Schwaz
Fotos und Gestaltung: Helga und Günther Pöttinger, A-6130 Schwaz

© Copyright 1994 by Pinguin-Verlag
A-6020 Innsbruck
Alle Rechte vorbehalten
Satz, Druck- und Bindearbeiten: M. Theiss, A-9400 Wolfsberg
Farbreproduktionen: Tiroler Repro, A-6020 Innsbruck
Printed in Austria
ISBN 3-7016-2426-7

Inhalt

Liebe Leserin! Lieber Leser	5
Vorwort	7
Wie und warum wirken Steine?	8
Zu beachten beim Kauf der Steine	8
Reinigung der Steine	11
Herstellung, Anwendung und Wirkung von Edelsteinwasser	13
Weitere wichtige Hinweise für die Arbeit mit edlen Steinen	15
Chakren – die Energiezentren des Körpers	17
Die Sternzeichen und ihre Steine	19
Beschreibung und Wirkung der Steine in alphabetischer Reihenfolge	23
Schlußwort	99
Zuordnung der Edelsteine zu Krankheiten und Symptomen	100
Verzeichnis der Krankheiten und Beschwerden	105
Verzeichnis der angeführten Mineralien	109

In jedem Menschen ruht alles. Das ganze Wissen und alle Weisheit des Universums. Es gilt nur, sie zu wecken.

Edelsteine sind sanfte, wunderbare Helfer, unser Wesen in jene Harmonie zu bringen, die uns letztendlich heil werden läßt.

Helga Pöttinger

Liebe Leserin! Lieber Leser!

Was ich mit diesem Buch möchte, ist nichts anderes, als zu zeigen, daß wir uns auf einfache Weise mit edlen Steinen selbst zu mehr Heil verhelfen können – physisch wie psychisch. Die Natur hält natürliche Heilmittel wie Kräuter, Farben, Klänge und Steine, deren Anwendung sehr einfach ist, bereit. Es sei denn, wir selbst komplizieren die Dinge. Die universelle Kraft liegt in der größten Einfachheit. Edle Steine sind nach den Gesetzen der Symmetrie und Harmonie gebaut. Sich darin zu vertiefen vermittelt eine Ahnung von der Vollendung des Universums.

Danken möchte ich meiner Schwester Heidi, die die Kapitel Chakren und Sternzeichen verfaßt hat, und meinem Mann, der für die Fotos und die Gestaltung des Titelblattes verantwortlich zeichnet. Beide haben darüber hinaus viel zum Gelingen dieses Buches beigetragen. Herrn Dr. med. Hans Sporer möchte ich herzlich für seine begleitenden Worte danken. Nicht zuletzt danke ich meinem Verleger, der unerschütterlich an uns geglaubt hat und sofort bereit war, das Buch zu verlegen.

Pöttinger Helga

Vorwort

Seit jeher versuchen Menschen Schöpfungsgeheimnisse zu ergründen. Schätze der anorganischen Natur haben die bedeutendsten Vertreter der Heilkunst beschäftigt. Edelsteine, auch Halbedelsteine, sind seit Jahrtausenden Bestandteil von Heilpraktiken verschiedener Kulturen. Die größten Erfolge damit sind in jenen Epochen und Kulturkreisen zu verzeichnen, die der Natur, als sicht- und erfahrbarer Dimension der Schöpfung, Respekt gezollt haben.

Kein Studium ersetzt unsere praktische Vernunft. Aufgeschlossenheit und ein offenes Herz für vieles ist notwendig, um Einblicke in so komplexe Wechselwirkungen zu gewinnen, wie sie beim Heilvorgang zwischen farbiger, Stein gewordener, unbelebter Materie und lebenden Organismen vorkommen. Zwar verfügen wir heute über einen Wissensstand wie nie zuvor, doch erleben wir angesichts einer drastischen Zunahme chronisch Kranker eine Rückbesinnung der Menschen auf alte, zum Teil mündlich weitergegebene empirische Erfahrungen: Kristalle verfügen über eine eigene, heilende Potenz.

Die Wirkungsweise der Edelsteine, die von rein rational eingestellten Menschen immer bezweifelt wurde, findet durch die neueren Ergebnisse der Physik, speziell der Quantenphysik, in zunehmendem Maße nun auch eine kritischer analytischer Logik entsprechende Erklärungsmöglichkeit. Vielen leidenden Menschen ist die in Kristallen wohnende Kraft, die sich besonders aus ihrer Struktur und atomaren Zusammensetzung ergibt, durch Heilung oder deutliche Symptomlinderung, einsichtig geworden. Lichtenergie unterschiedlicher Stärke und elektromagnetische Felder spielen im Wirkungsmechanismus heilbringender Edelsteine eine entscheidende Rolle. Treibende Kraft dieser komplizierten physikalischen Vorgänge ist, wie wäre es anders zu erwarten, unser Sonnenlicht.

Dr. med. Hans Sporer
Facharzt für innere Medizin

Wie und warum wirken Steine?

Da Steine nichts anderes als verdichtete Energie sind, wirken sie sowohl durch ihre Schwingung als auch durch ihre Farben. Jeder Stein hat seine spezifische Schwingung, die sich auf die Schwingung des Menschen übertragen läßt. Farbe und Schwingung können auf Menschen harmonisierend wirken. In der richtigen Kombination können sie zur notwendigen Ruhe verhelfen, um unser Selbstheilzentrum zu aktivieren. Dies ist in physischer wie psychischer Hinsicht gleichermaßen möglich, so daß Steine in der Ganzheitsmedizin eine beachtliche Rolle spielen. Allerdings können sie keinesfalls einen Arzt ersetzen. Das muß vorab betont werden.

Steine wirken durch einfaches In-den-Händen-Halten: über die Energiezentren in den Handflächen. Sie wirken durch Auflegen auf bestimmte Problemstellen. Und besonders intensiv als Anhänger oder Kette auf der bloßen Haut getragen, da auf diese Weise über den Nacken Kleinhirn und Rückenmark erreicht werden. Sie können aber auch durch ein Aufstellen im Raum bei einer ganzen Familie Heilwirkung erzielen. Um so intensiver und bewußter man sich mit „seinem" Stein beschäftigt, desto besser wird der Energieaustausch funktionieren und um so schneller eine Heilung erfolgen.

Zu beachten beim Kauf der Steine

Das wichtigste beim Kauf eines Edelsteins ist, auf die eigene Intuition zu achten. Fühlt man sich aus irgendeinem Grund besonders zu einem Stein hingezogen, so können wir mit Sicherheit davon ausgehen, daß gerade dieser in unserer momentanen Situation wichtig für uns ist. Dabei ist es unerheblich, ob er qualitativ hochwertig oder weniger wertvoll, besonders rein oder eher trüb ist. Was zählt, ist einzig und allein das eigene Gefühl bei der Betrachtung und Auswahl.

Nach Möglichkeit sollten wir unseren Stein in einem Fachgeschäft erstehen. Denn nur dort sind Echtheit und fachkundige Beratung gewährleistet; dennoch können im allgemeinen nur Richtlinien gegeben werden. Jeder Mensch ist ein Individuum, keiner ist wie der andere, und jeder trägt seine eigenen Probleme mit sich herum. Daher sollte jeder seine Steine selbst aussuchen. Will man einen Stein für Heilzwecke verschenken, ist es notwendig, über die betreffende Person und deren farblichen Geschmack Bescheid zu wissen. Auch ist es von Vorteil, wenn ein edler Stein mit Liebe ausgewählt wird.

Im Handel ist es üblich, Steine als Edelsteine oder Halbedelsteine zu klassifizieren. Das rührt daher, daß manche seltener vorkommen, aufwendiger verarbeitet werden und daher auch oft teuer sind. Andere wiederum findet man häufig, und so sind sie billiger. Schönheit und Schwingung jedoch wohnt ihnen allen inne:

vom Kieselstein bis zum Diamanten. Und deshalb sind sie alle „edel". Folgende Formen stehen zur Auswahl: Rohsteine, Trommelsteine, Steinscheiben, Anhänger, Ketten, Pyramiden, Obelisken, Kugeln, Steineier, Spitzen natur und geschliffen.

Rohsteine eignen sich besonders zur Herstellung von Steinwasser sowie zum Aufstellen in der Wohnung.

Trommelsteine sind ideal, um sie in der Hosen- oder Rocktasche mitzuführen. Wir sollten allerdings so oft wie möglich Handkontakt mit ihnen halten, da sich in den Handflächen Akupressurpunkte befinden und diese durch den Kontakt mit dem Stein aktiviert werden; auf diese Weise können Körperzonen in eine harmonische Schwingung versetzt werden.

Steinscheiben verwendet man hauptsächlich für Chakrabehandlungen (siehe Kapitel Chakren).

Anhänger werden um den Hals getragen: liegen sie auf Hals, Herz, Solarplexus oder Milzchakra auf, so können sie dort Blockaden lösen.

Für eine **Kette** sollten sich alle jene entscheiden, die mit mehreren und schwerwiegenden Problemen kämpfen, da die Steine beim Tragen einer Kette unmittelbar mit dem Nacken in Berührung kommen. Wie wir wissen, verläuft dort der im Wirbelkanal eingeschlossene Teil des Nervensystems. Schwingungen der Steine können über diese Nervenbahn in alle Problembereiche des Körpers gelangen und eventuell vorhandene Blockaden auflösen.

Außerdem können wir Heilsteinketten individuell und nach eigenen Vorstellungen und Wünschen knüpfen lassen – was dem persönlichen Erscheinungsbild zuträglich sein kann.

Pyramiden, Obelisken, Kugeln sowie **Steinspitzen** natur und geschliffen sind wunderbare Begleiter und Helfer bei Yoga, Meditation oder sonstigen Entspannungsübungen. Auch für den Schreibtisch oder anderweitige Arbeitsplätze und Aufenthaltsräume eignen sie sich. Beim Obelisken, bei der Pyramide und Spitze tritt durch die Standfläche Erdenergie ein und wird über die Spitze an uns abgegeben. Sollte jemand eine dieser Formen als Anhänger erstehen wollen, so ist darauf zu achten, daß die Spitze nach oben zeigt, da im umgekehrten Fall Energie von uns abfließen würde. Nach meinen Erfahrungen ist bei dieser Arbeit mit Obelisken und Pyramiden ein besonderer Standort nicht so wichtig, wir sollten uns auch hierbei von unserer Intuition leiten lassen.

Die Energie der **Kugel** ist besonders kraftvoll, da sie rund fließt. Keine andere Form übt eine derart beruhigende Wirkung aus. Meist fühlen sich von ihr Menschen angezogen, die sich schon lange oder sehr intensiv mit der Heilkraft von edlen Steinen befassen. Besonders gut lassen sich Disharmonien in der Familie mit der Kugelenergie beseitigen. Dabei ist es interessant zu beobachten, wie sich Kugeln – hauptsächlich aus Bergkristall – je nach Stimmung eintrüben oder klären.

Reinigung der Steine

Nachdem man nun einen Stein, welcher Art auch immer, erstanden hat, ist es unerläßlich, ihn von Zeit zu Zeit zu reinigen. Das heißt nicht nur, ihn vom Schmutz im herkömmlichen Sinn, sondern hauptsächlich von negativer Energie zu befreien. Jeder Stein hat die Kraft, dem Menschen „Negativität" zu entziehen, aber er muß sauber sein, um eine optimale Heilwirkung zu gewährleisten.

Bevor wir nun beginnen, mit unserem Stein zu arbeiten, haben wir verschiedene Möglichkeiten, diesen zu „entladen". Eine der gebräuchlichsten Methoden ist, den Stein in ein Gefäß zu legen (nicht aus Plastik), einen Teelöffel Meersalz (gibt es in Lebensmittelgeschäften, Drogerien und Reformhäusern) darüberzuschütten und mit kaltem Wasser aufzufüllen. So lassen wir das Ganze über Nacht stehen. Am Morgen nehmen wir den Stein heraus, lassen noch einmal kaltes Wasser darüberfließen und trocknen ihn mit einem Baumwoll- oder Leinentuch ab. Das Meersalzwasser sollte für keine weitere Reinigung mehr verwendet werden. Wenn wir Ketten reinigen, lassen wir Wasser und Salz weg und legen die Kette statt dessen über Nacht in die natürliche Kälte, da die Kälte denselben Reinigungseffekt erzielt und die Knüpfung der Kette geschont bleibt. Für Menschen, die sich mit Yoga oder Meditation beschäftigen oder sich einfach gut konzentrieren können, dürfte es keine Schwierigkeit sein, Steine visuell zu reinigen. Das bedeutet, man nimmt die Kette, den Anhänger oder dergleichen in beide Hände und stellt sich damit gedanklich unter einen Wasserfall, Bergquell oder in einen Bergsee. Dort verharrt man so lange, bis sich das Gefühl einstellt, daß sich alles Negative gelöst hat. Anschließend läßt man die wärmende Sonne daraufscheinen, bis man das Gefühl hat, von ihrer Kraft durchdrungen zu sein.

Eine andere Möglichkeit ist, Steine mit dem Pendel zu entladen und auch wieder aufzuladen. Für jeden, der den ehrlichen, tiefen Wunsch hegt, bewußt mit den edlen Helfern zu arbeiten, ist auch diese Methode erlern- und erfahrbar. Nachdem wir innerlich bereit sind für die Reinigung des Steines, wird das Pendel beginnen, sich nach links zu drehen. Wir lassen es auspendeln und bitten den Stein, sich positiv aufzuladen, das Pendel wird sich nun nach rechts drehen. Nachdem es zum Stillstand gekommen ist, können wir mit unserer Edelsteinarbeit beginnen.

Für welche Art der Reinigung man sich entscheidet, ist jedem freigestellt. Ohne weiteres können wir uns ein eigenes Ritual ausdenken und es durchführen. Wichtig dabei ist der Wunsch, den Stein zu reinigen und ihn ausschließlich für edle Zwecke einzusetzen. Wir können durchaus mehrere Steine gleichzeitig oder zusammen reinigen. Außer wir haben das Gefühl, der eine oder andere bedarf einer gesonderten Behandlung.

Immer dann, wenn wir das Gefühl haben, Negativität abgegeben zu haben, sollten wir unsere Steinhelfer für etwa fünf Minuten unter kaltes fließendes Wasser oder Ketten für ein bis zwei Stunden in den Kühlschrank legen. Vor allem nach einer schweren Erkrankung ist eine intensive Reinigung angebracht.

Steine wie Türkis, Chrysokoll, Pyritsonne sollten wir ohne Wasser reinigen, da es sich bei diesen um besonders poröse Steine handelt, die, sofern sie mit Wasser in Berührung kommen, leicht zerbröckeln.

Steine mit einem aufwendigen Schliff, wie ihn unter anderem Diamanten enthalten, müssen wir einer besonderen Art der Reinigung unterziehen. Solche Steine verlieren, durch die für sie sehr schmerzhafte Erfahrung des Schleifens, mitunter das Bewußtsein. Um ihnen zu helfen, dieses wiederzuerlangen, sollten wir sie für einige Wochen in die Mutter Erde vergraben. Genauso können wir bei altem Familienschmuck verfahren, der meist mit negativen Verhaltensmustern voriger Träger behaftet ist.

Setzen wir Rosenquarz oder Bergkristall zum Entstrahlen eines Raumes ein, sollten wir ihn mindestens dreimal wöchentlich für je fünf Minuten unter kaltem fließendem Wasser entladen.

Der einzige Stein, der nicht gereinigt werden muß, ist der schwarze Turmalin (Schörl), da dieser selbstreinigende Kräfte besitzt.

Jeder Stein wird es uns danken, wenn er ab und zu für ein bis zwei Stunden an die Sonne gelegt wird. Ist er nämlich einmal zutage gefördert, so wird er genauso von Luft, Licht und Sonne abhängig wie wir. Die Sonnenenergie speichert sich im Stein und wird beim Tragen wieder an uns abgegeben.

Herstellung, Anwendung und Wirkung von Edelsteinwasser

Die Zubereitung von Edelsteinwasser ist denkbar einfach. Wir müssen dazu nur den ausgewählten und gereinigten Stein für mindestens eine Stunde, besser jedoch über Nacht, in ein Glas mit Trinkwasser legen. Die für den Edelstein spezifischen Schwingungen magnetisieren das Wasser und gelangen dann beim Trinken direkt in das Blut und in die Zellen. Diesen Vorgang kann man zusätzlich zum Tragen von Steinen oder statt dessen anwenden. Beide Methoden sind gleich wirksam. Wir sollten uns bei unserer Entscheidung einzig von Gefühlen leiten lassen.

Für die Herstellung von Steinwasser sollten nach Möglichkeit naturbelassene Steine verwendet werden. Ist eine intensive Wirkung gewünscht, können wir unseren Stein mit einem Bergkristall, Herkimer, weißen Topas oder Diamant kombinieren. Eine Besonderheit dieser genannten Steine ist, daß sie Trinkwasser zu reinigen vermögen. Vorzugsweise sollte dieses Wasser am Morgen oder vor einer Mahlzeit getrunken werden, aber nicht mehr als ein Glas pro Tag, außer man leidet an Übelkeit oder Durchfall. In diesem Fall sollte man über den Tag verteilt etwa zwei Liter Bergkristallwasser zu sich nehmen. Bemerken wir eine deutliche Besserung des zu behandelnden Problems, können wir die Behandlung abbrechen.

Steine, die sich besonders zur Herstellung von Steinwasser eignen, sind: Achat, Amazonit, Amethyst, Aquamarin, Aventurin, Bergkristall, Bernstein, Calcit, Chalcedon, Chrysopras, Diamant, Falkenauge, Fluorit, Granat, Hämatit, Heliotrop, Howlith, Hyazinth, Jade, Jaspis, Karneol, Koralle, Kunzit, Labradorit (Spektrolith), Lapislazuli, Magnesit, Magnetit, Mondstein, Moosachat, Onyx, Opal, Peridot, Perle, Pyrit, Rauchquarz, Rhodochrosit, Rhodonit, Rosenquarz, Rubin, Rutil, Saphir, Smaragd, Sodalith, Tigereisen, Topas, Turmalin, Turmalinquarz.

Weitere wichtige Hinweise für die Arbeit mit edlen Steinen

Schwingungen der Steine können auch auf Pflanzen und Tiere harmonisierend wirken. Die Anwendung erfolgt im Prinzip wie beim Menschen.

Steinketten, die für Heilzwecke verwendet werden, sollten ausschließlich mit einem Naturseiden- oder Baumwollfaden geknüpft werden, da Nylon oder andere synthetische Materialien die Heilwirkung ableiten oder stören. Dies gilt auch für geklebte oder künstlich gefärbte Steine. Verschlüsse an Ketten sollten aus Gold, Silber, Silber vergoldet, Kupfer oder Messing sein, auch Anhänger werden am besten mit einem Leder-, Seidenband oder Ketten aus vorgenannten edlen Metallen getragen, um eine optimale Heilwirkung zu erzielen.

Opal, Perle und Onyx sind jene drei Steine, deren Eigenschwingung so stark und prägnant ist, daß sie nicht unbedingt geeignet sind, mit anderen Steinen zusammen getragen zu werden.

Auf Diamant, Herkimer und Bergkristall sollten wir in der Nacht verzichten, da sie Steine sind, die den Geist anregen, was zu Schlafstörungen führen kann.

Wie viele Steine jemand zugleich tragen kann, ist jedem selbst überlassen. Wir sollten jedoch mit viel Gefühl und Bedacht wählen.

Der Malachit muß oft gereinigt werden, da er, wenn er trüb wird, seine Heilwirkung verliert.

Der Prasem ist der einzige Stein, der nach einer erfolgreichen Behandlung von Allergien nicht mehr für Heilzwecke eingesetzt werden kann, da er seine Kraft verliert.

Chakren – die Energiezentren des Körpers

Die Chakren ähneln kreisförmigen Wirbeln, die sich gleich einer Lotusblume entweder nach vorne, nach oben oder nach unten öffnen. Sie sind verbunden mit der Wirbelsäule, an der die Kundalinikraft von unten nach oben entlang fließt. Ist ein Energiezentrum nicht in Harmonie, hemmt dies den gesamten Energiefluß, und es können in mehreren Chakren Störungen auftreten.

Der menschliche Körper hat **sieben Hauptchakren** und unzählige Nebenchakren. Mit der positiven Schwingung der edlen Steine können wir diese harmonisieren und die Energie frei fließen lassen. Es werden jedem Chakra (sprich: Schakra) verschiedene Heilsteine zugeordnet, wobei man sich hauptsächlich nach der Farbe richtet. Es gibt auch einige Steine – wie den Bergkristall, den Diamant und den Sugilith –, welche auf alle Chakren eine blockadenlösende Wirkung ausüben.

Die Energiezentren haben ihren Sitz im Ätherkörper und verbinden sich in diesem Bereich harmonisch mit den Schwingungen der Steine. Durch das Auflegen und Tragen der Edelsteine werden so die Selbstheilungszentren des Menschen aktiviert. Am effektivsten ist es, wenn alle sieben Chakren gleichzeitig therapiert werden. Wenn wir uns im entspannten Zustand hinlegen und einen für jedes Chakra geeigneten Stein auflegen, können wir die besten Erfolge erzielen.

Unterstützend können wir leise, beruhigende Musik hören, den Raum abdunkeln und über eine Aromalampe einen angenehmen Duft verströmen lassen. Auch sollten in den Problembereichen immer die entsprechenden Steine getragen werden, entweder als Kette oder als Anhänger. Wenn wir im Liegen die Heilsteine auflegen, ist es auch wichtig, an die Fußsohlen schwarze Steine – wie den Onyx oder den Obsidian – zu legen, da diese Steine uns mit der Erde verbinden, die Durchblutung anregen und ein geistiges Abheben verhindern. Auf die Hände lege man Bergkristall, da dieser das ganze Farbspektrum in sich vereint und so den Kreis des Energieflusses vollkommen werden läßt.

1. Chakra – Wurzelzentrum:
Das erste Chakra öffnet sich nach unten und verbindet uns mit der Erde. Liegen in diesem Bereich Störungen vor, äußern sich diese in Problemen mit dem Enddarm, dem Anus, dem Dickdarm, aber auch der Wirbelsäule und den Knochen. Für das Wurzelzentrum sind alle roten Steine wie Granat und Rubin – geeignet: auch der Achat ist ein für diesen Bereich starker Heilstein.

2. Chakra – Sakralzentrum:
Dieses Chakra öffnet sich nach vorn und sorgt für Harmonie im Unterleib. Liegt hier eine Blockade vor, treten Nierenbeschwerden oder Blasenleiden, beim Mann Prostatabeschwerden und bei der Frau Regelstörungen auf. Die Farbe für dieses Chakra ist Orange, und der bevorzugte Stein der Karneol: bei Blasenbeschwerden wird jedoch der Heliotrop verwendet.

3. Chakra – Solarplexus oder Sonnengeflecht:

Auch das dritte Chakra öffnet sich nach vorn, wobei der Mensch sehr viel Schwingung und Energie über den Solarplexus aufnimmt. Jeder kennt den berühmten Druck in der Magengrube, der auf eine Blockade in diesem Zentrum hinweist. Über dieses Chakra wird auch die Bauchspeicheldrüse positiv beeinflußt, welche das Hormon Insulin ausschüttet. Für das Sonnengeflecht werden meistens gelbe Steine wie der Zitrin, der gelbe Topas oder der Bernstein verwendet.

4. Chakra – Herzzentrum:

Das Herzzentrum öffnet sich nach vorn. Die Farben Grün und Rosa entfalten hier ihre heilende Wirkung. Störungen im vierten Chakra machen sich in Herzbeschwerden, aber auch durch Probleme in der Lunge bemerkbar. Blutkreislaufstörungen können ebenfalls auf eine Blockade im Herzzentrum hinweisen. Die Thymusdrüse, welche unser Wachstum anregt und das Immunsystem stärkt, kann auch zu dieser Zone gezählt werden. Heilende Wirkung zeigen hier der Smaragd, der grüne und rosa Turmalin sowie der Rhodochrosit und der Epidot (Unakit).

5. Chakra – Halszentrum:

Das fünfte Chakra öffnet sich nach vorn. Ihm wird die hellblaue Farbe zugeordnet. Die geeignetsten Steine für das Halszentrum sind der Chalcedon, der blaue Topas und der Aquamarin. Blockaden im Halszentrum machen sich durch massive Schluckbeschwerden, Halsentzündungen, Stottern und Probleme im Nacken- und Kieferbereich bemerkbar. Auch Probleme mit der Schilddrüse müssen hier behandelt werden.

6. Chakra – Stirnzentrum oder Drittes Auge:

Das Dritte Auge öffnet sich nach vorn und verbindet uns mit der Welt des Übersinnlichen. Über das Stirnzentrum kann man schlummernde hellseherische Fähigkeiten wecken. Im körperlichen Bereich äußert sich eine Störung in Problemen mit den Augen, der Nase, den Ohren und durch Entzündungen der Nebenhöhlen. Dem Stirnzentrum wird ein dunkles Blau zugeordnet, welches wir beim Lapislazuli, dem stärksten Stein zur Öffnung des Dritten Auges, wiederfinden.

7. Chakra – Scheitelzentrum:

Das Scheitelzentrum öffnet sich nach oben. Ihm sind die Farben Violett, Weiß und Gold zugeordnet. Es verbindet uns mit dem Universum, mit der All-Liebe, mit Gott. Ein harmonisches siebtes Chakra setzt voraus, daß in allen anderen Chakren die Energien frei fließen. Wir empfinden es als ein Gefühl der Vollkommenheit, als ein Verbundensein mit allen Menschen. Ist das siebte Chakra geöffnet, empfinden wir keine negativen Gefühle mehr, wie zum Beispiel Neid oder Haß. Wir werden getragen von Liebe und fühlen uns emporgehoben zum Schöpfer.

Die Sternzeichen und ihre Steine

Die Astrologie hat im Leben der Menschen immer eine bedeutende Rolle gespielt. Das ganze Leben spiegelt sich im Geburtshoroskop des einzelnen wider. Es verrät uns bestimmte Neigungen und Talente. Auch werden jedem Sternzeichen verschiedene Steine zugeordnet. Da aber jeder Mensch ein Einzelwesen und nicht gleich ist wie der andere, fühlt man sich oft nicht zu den genannten Horoskopsteinen hingezogen. In diesem Fall sollte man sich auf die Intuition verlassen, da jeder Stein eine eigene Schwingung besitzt, die unser kollektives Unbewußtes wahrnimmt und uns so die richtige Wahl treffen läßt.

Widder: 21. 3. – 20. 4.
Farbe: Rot
Steine: Hämatit, Rubin, Amethyst, Granat, roter Jaspis, Sardonyx

Stier: 21. 4. – 21. 5.
Farbe: Grün
Steine: Achat, Smaragd, Aventurin, Saphir, Koralle, Perle, Karneol

Zwilling: 22. 5. – 21. 6.
Farbe: Gelb
Steine: Karneol, Topas, Tigerauge, Zitrin, Bernstein, Chalcedon

Krebs: 22. 6. – 22. 7.
Farbe: Weiß, Silber, Grün
Steine: Mondstein, Beryll, Moosachat, Smaragd, Perle, Opal, weißer Chalcedon

Löwe: 23. 7. – 23. 8.
Farbe: Orange, Goldbraun
Steine: Diamant, Rubin, Hyazinth, Granat, Zitrin, Heliotrop

Jungfrau: 24. 8. – 23. 9.
Farbe: Violett
Steine: Jaspis, Amethyst, Sugilith, Topas, Achat, Smaragd

Waage: 24. 9. – 23. 10.
Farbe: Hellblau, Rosa
Steine: Rosenquarz, Rhodochrosit, Kunzit, Koralle, Chrysokoll, rosa Turmalin

Skorpion: 24. 10. – 22. 11.
Farbe: Rot
Steine: Hämatit, Amethyst, Rubin, Heliotrop, roter Turmalin, Malachit

Schütze: 23. 11. – 21. 12.
Farbe: Dunkelblau
Steine: Rutilquarz, Lapislazuli, dunkelblauer Saphir, Amethyst, Opal, Hyazinth

Steinbock: 22. 12. – 20. 1.
Farbe: Schwarz, dunkle Farben, Grau
Steine: Onyx, Obsidian, Sodalith, Bergkristall, Chrysopras, Rauchquarz

Wassermann: 21. 1. – 19. 2.
Farbe: Lila, Violett
Steine: Türkis, Aquamarin, Bergkristall, blauer Topas, Fluorit, Karneol

Fisch: 20. 2. – 20. 3.
Farbe: Wasserblau, schillernde Farben
Steine: Bergkristall, Topas, Aquamarin, Saphir, Fluorit, Amethyst

ACHAT

In seinen Farbtönungen, Musterungen wie auch Heilwirkungen ist der Achat einer der vielfältigsten Steine. Schon in der Antike galt er als Schutz vor Epilepsie, geistigen Störungen sowie giftigen Stichen und Bissen und wurde zumeist als Amulett getragen. Heute kommt er auch oft in Blau und Grün auf den Markt, was zwar sehr schön aussieht, den Achat in seinen natürlichen Schwingungen jedoch mindert. Weitere Bezeichnungen für diesen Stein sind: Band-, Moos-, Stern-, Ruinen-, Landschafts-, Streifen-, Dendriten- oder Wolkenachat. Seine Anwendungsgebiete sind sehr umfangreich. Er hilft zur allgemeinen Stärkung, bei Gleichgewichtsstörungen, Epilepsie, fiebrigen Infektionen, Schmerzen aller Art, Haut, Haar, Herz, Schwangerschaft, Entbindung, Mondsucht, Insektenstichen, Vergiftungen, Prostatabeschwerden. Er fördert die Liebe zum eigenen Körper, den Mut, die Ausdauer, Standfestigkeit, befähigt, wahre Freunde zu erkennen, fördert Erdqualitäten und hilft bei Rechtsangelegenheiten.

Gebrauch:	Handsteine. Scheiben, Anhänger, Kugeln, Pyramiden, Obelisken, Steinwasser
Farben:	Er beherrscht das ganze Farbspektrum (außer kräftiges Blau und Grün)
Fundorte:	Deutschland, Brasilien, Uruguay, China, Indien, Madagaskar, Mexiko, USA

ALEXANDRIT

Der Alexandrit ist wohl der außergewöhnlichste, faszinierendste Stein der Welt und deshalb auch sehr kostspielig. Er versinnbildlicht die Polarität des Menschen, indem er bei Tag grün und bei Kunstlicht rot leuchtet. Dieses Phänomen ist einmalig! Auch synthetische Alexandrite haben Heilwirkung, allerdings in abgeschwächter Form. Er ist der Stein der Wandlung und unterstützt uns bei allen Neuanfängen im Leben. Dieser Stein verbindet uns mit der Kraft der Erde wie mit der All-Liebe. Der Alexandrit ist anwendbar bei emotional bedingten Herzbeschwerden sowie bei Problemen im Sexualbereich; ebenso hilft er, uns zu erden und eine gute Verbindung mit Mutter Erde herzustellen. Außerdem vermag er, uns Glück und Wohlstand zu bescheren. Seinen Namen erhielt er nach Zar Alexander, da die ersten Funde aus Rußland kamen.

Gebrauch: Rohsteine, Anhänger, Ringe
Farben: Hell- bis Dunkelgrün, Rot, Bläulich
Fundorte: GUS, Simbabwe, Sri Lanka, Burma, Brasilien

AMAZONIT

Der Amazonit war schon im alten Ägypten ein zutiefst verehrter Stein. Wegen seines hohen Kupfergehaltes gehört er zu den heilkräftigsten Steinen, die wir kennen. Seinen Namen erhielt er in Südamerika, wo man ihn erstmals am Amazonas fand. Zur damaligen Zeit trug man ihn hauptsächlich, um sich vor den Bissen giftiger Tiere zu schützen. Heute wird er zum Beruhigen der Nerven mitgeführt. Unter das Kopfkissen gelegt, verhilft er uns zu gesundem, tiefem Schlaf, aber auch zur Krampflösung, zur Entspannung im Nackenbereich und zur Entladung der Wirbelsäule. Auch bei Kopfschmerzen kann der Amazonit helfen, wenn wir die betroffenen Stellen täglich damit sanft massieren. Ebenso wirkt er beruhigend auf das Herz und während einer Schwangerschaft auf die werdende Mutter und das Ungeborene.

Gebrauch: Rohsteine, Handsteine, Anhänger, Ketten, Kugeln
Farben: Hell-Türkisgrün, Bläulich-Grün
Fundorte: Colorado/USA, Brasilien, Indien, Madagaskar, Namibia, GUS

AMETHYST

Der Amethyst, einer der am längsten bekannten Edelsteine, wurde im Mittelalter wegen seiner Seltenheit mit Gold aufgewogen. Heute findet man ihn sehr häufig. Und das ist gut so, denn wir Menschen der Moderne brauchen ihn dringend, weil unser Planet sich wieder harmonisieren und ins natürliche Gleichgewicht kommen muß. Der Amethyst wirkt auf physischer und psychischer Ebene gleichermaßen. Er hilft uns bei der Suche nach noch verborgenen Talenten und stärkt unsere geistige Kraft. Durch sein violettes Licht hilft er uns, alte Denkmuster aufzulösen und zu unserer Selbstverwirklichung zu gelangen. Mit seiner überaus intensiven Schwingung verhilft er uns zu einem ausgeglichenen Schlaf und bewahrt uns vor Alpträumen. Ferner nimmt er uns Ängste, Heimweh und damit Überreaktionen. Bei sämtlichen Hautproblemen, Erkrankungen der Geschlechtsorgane, Migräne, Kopfschmerzen sowie Süchten und Krämpfen aller Art leistet uns der Amethyst ebenfalls gute Dienste. Außerdem gibt es kaum einen, der zur Meditation und für das Wachstum der Pflanzen besser geeignet wäre.

Gebrauch: Handsteine, Anhänger, Ketten, Kugeln, Pyramiden, Obelisken, Heilstäbe, zum Auflegen und Aufstellen, Steinwasser
Farben: Hell- bis Dunkelviolett, seltener Orchideenfarbe
Fundorte: Sri Lanka, Madagaskar, Brasilien, Uruguay, Sambia, Nordafrika, Frankreich und Ural

AMETRIN

Eine extravagante Laune der Natur hat uns vor nicht allzulanger Zeit den Ametrin beschert. Bei dessen Entstehung haben sich der Amethyst und der Zitrin miteinander verbunden. Wirklich eine herrliche Kombination, die in sich die Heilkräfte beider Steine birgt! Der Ametrin findet darum auch auf allen Ebenen Anwendung, im geistigen wie im körperlichen Bereich. Mit ihm sind wir imstande, dichteste Blockaden zu lösen und ein harmonisches Gleichgewicht zu erlangen. Er lindert körperlichen und seelischen Schmerz, hilft bei Depressionen, Streß, Verdauungsproblemen und reinigt unsere Innenorgane. Sogar mediale Anlagen vermag der Ametrin zu fördern. Überdies beschert er uns einen ruhigen tiefen Schlaf und klärende Träume, baut bewußte und unbewußte Ängste ab und stärkt unsere Abwehrkräfte.

Gebrauch: Handsteine, Anhänger
Farben: Hell- bis Dunkelviolett mit hellen bis dunkelgelben Einsprengseln
Fundort: Bolivien

AQUAMARIN

Der Aquamarin, das Juwel der Meerjungfrau, der Stein der Seefahrer und aller Reisenden zu Wasser, ist ein sehr mystischer und klärender Stein. Dieser edle Stein, der die Bezeichnung „Seewasser" erhielt, ähnelt mit seinem Blau dem Firmament und dem unendlichen Ozean. Im Mittelalter wurde er wegen seiner Klarheit der Mutter Maria zugesprochen. Seit jeher war er auch der Stein der Hellsichtigen. Das Tragen des Aquamarins hilft bei Depressionen, beruhigt das Nervensystem und schützt gegen Wetterfühligkeit. Des weiteren löst er Nackenverspannungen, lindert Reizungen der Schleimhäute und Atemwege und wirkt hilfreich bei Stirnhöhlen-, Zahn- und Kieferproblemen sowie bei Drüsenstörungen und Hautallergien. Auf die Augen gelegt, stärkt er unsere Sehkraft; über dem Herzen getragen, fördert er Treue und Liebe.

Gebrauch: Handschmeichler, Anhänger, Ketten, Steinwasser
Farben: Helles bis dunkles Blau, oft auch einen Stich ins Grüne
Fundorte: Hohe Tauern/Österreich, Italien, GUS, Tansania, Kenia, Sambia, Madagaskar, Südafrika, Namibia, Kalifornien, Utah/USA, Brasilien, Indien, Sri Lanka, Burma, Südkorea, Australien

AVENTURIN

Der Aventurin öffnet unsere Seele für die feine Energie. Er hilft uns, das innere Gleichgewicht zu finden und öffnet unsere Sinne für die heilbringende Energie unseres Planeten. Durch sein sanftes Grün nehmen wir die heilsame Wirkung der Wiesen und Wälder in uns auf. Bei emotionalem Streß übt er, auf dem Herzen getragen, einen beruhigenden Einfluß auf das Nervensystem aus. Er vermittelt ein wunderbares Gefühl von Ruhe und Ausgeglichenheit. Auch bei Hautkrankheiten, Ekzemen, Ausschlägen und Warzen sollten wir einen Aventurin in der Herzgegend tragen oder die betroffenen Stellen mit einem über Nacht angesetzten Aventurinwasser waschen. Diesen Stein gibt es auch in einer leicht rötlichen Tönung, dieser stärkt die Lebenskraft, das Durchhaltevermögen und fördert unsere Verbundenheit zur Erde. Menschen, die zur Triebhaftigkeit neigen, ist vom Gebrauch des roten Aventurin abzuraten, da dieser diese noch verstärkt.

Gebrauch: Handsteine, Anhänger, Ketten, zum Auflegen, Steinwasser
Farben: Lichtes Grün, dunkles Grün, rötlich Grün
Fundorte: GUS, Indien, Brasilien

AZURIT

Der Azurit mit seinem tiefen Blau ist ein Stein für empfindsame Seelen. Für hellsichtige Menschen ist er eine großartige Hilfe bei der Meditation, was ihn zu einem der Grundsteine für das Dritte Auge (Stirnchakra) macht. Er eignet sich also vorwiegend für den geistigen Bereich und sollte von jedem Studierenden und nach mehr Bewußtsein strebenden Menschen getragen werden. Ebenso läßt er sich für alle Probleme im Kehlkopfbereich einsetzen, seien diese physischer oder psychischer Natur. Das heißt, er hilft uns bei Halsschmerzen, Heiserkeit oder Mandelentzündung. Bei mündlichen Prüfungen, Referaten und dergleichen bewährt er sich, indem er unsere psychischen Blockaden löst. Außerdem hat der Azurit die Kraft, den Heilungsprozeß nach Operationen zu beschleunigen. Leider bekommt man diesen Stein nur sehr selten in geschliffener Form.

Gebrauch: Rohsteine, zum Auflegen und Aufstellen
Farbe: Tiefes Blau
Fundorte: Frankreich, England, Griechenland, Italien, GUS, Namibia, Arizona, Neu-Mexiko/USA, Chile, Australien

BERGKRISTALL

Der Bergkristall in seiner Reinheit ist wohl eines der größten Geschenke unserer Mutter Erde – ein Spiegel unseres Innersten. Man nennt ihn wegen seiner Durchsichtigkeit auch „Eis, das nicht schmilzt". Er fand in vielen Kulturen größte Anerkennung ob seiner universellen Heilkraft. Auf langen Reisen durch trockene Gebiete wurde er gegen den Durst verwendet, indem man kleine Kristalle in den Mund nahm. Mit klaren großen Bergkristallen sollten nur geübte und mit den Kräften der Natur vertraute Personen arbeiten, da diese Energien um ein Vielfaches wiedergeben. Bei verantwortungsvollem Umgang hilft er, dichteste Blockaden auf allen Ebenen unseres Körpers zu lösen und unsere Energie wieder in Fluß zu bringen. Bergkristall, von der Sonne erwärmt und aufgelegt, bringt große Erleichterung bei Hautproblemen. Er lindert Schmerzen, stärkt unsere Sehkraft, stabilisiert den Kreislauf, kühlt Brandwunden, wirkt blutstillend und darmregulierend, sowie bei Übelkeit. Die Anwendungen sind auf physischer wie psychischer Ebene gleichermaßen gegeben. Auch unsere Aura können wir mit dem Bergkristall stärken.

Gebrauch: Rohspitzen, Handsteine, Anhänger, Ketten, Kugeln, Pyramiden, Stufen, Steinwasser
Farben: Farblos, meist durchsichtig klar
Fundorte: Schweiz, Österreich, Italien, USA, Brasilien, Madagaskar

BERNSTEIN

Der Bernstein ist eigentlich kein „Stein", sondern ein organisch entstandenes, versteinertes Harz von Nadelbäumen, ca. 40–50 Millionen Jahre alt. Manchmal finden sich darin Einschlüsse von urzeitlichen Insekten und Tannennadeln. Bernstein ist auffallend leicht und wird durch Reiben mit einem Tuch elektrisch. Bernstein wirkt stark reinigend und belebend auf den gesamten Organismus. Vielen Menschen wurde er durch seine wunderbare Hilfe beim Zahnen der Babys ein Begriff. Sein tatsächliches Wirkungspotential reicht jedoch sehr viel weiter. So schafft er auch Linderung bei Kopfschmerzen, Migräne, Verspannungen im Nacken- und Rückenbereich, bei Asthma, Bronchitis, Husten, Magen-/Darmstörungen, Infektionen, Fieber, Gallenleiden, Blasenerkrankungen, Taubheit, Ohrenschmerzen, Rheuma, Kreislaufschwäche, Malaria und Nasenbluten. Auf die Innenorgane wirkt er sehr wohltuend, verhilft zu mehr Ausgeglichenheit, schärft unsere Sinne und unterstützt unsere meditativen Anlagen. Auch kann er uns mit Menschen, die für unsere geistige Entwicklung wichtig sind, zusammenbringen.

Gebrauch: Bernsteinwasser, Handsteine, Anhänger, Ketten, zum Auflegen
Farben: Gelb- und Brauntöne, Rottöne, manchmal mit Stich ins Blau, Elfenbeinfarbig
Fundorte: Ostpreußen, GUS, Italien, Rumänien, Borneo, Burma, Kanada, USA, Dominikanische Republik, Deutschland, Polen

BLAUER TOPAS

Der Himmel und das Meer erinnern in Farben und unendlicher Größe an den blauen Topas. Etwas Reines, Klares strahlt von ihm aus. Allen jenen, die sich großen, oft unüberwindlich erscheinenden Problemen gegenübersehen, wird er eine große Hilfe sein. Durch die von ihm ausgehende magnetische Strahlung wirkt er auch bei körperlichem und seelischem Schmerz lindernd. Der Topas veranlaßt uns, alte Verhaltensweisen aufzugeben, uns für neue unbekannte Dinge zu öffnen und unser Seelenleben in Harmonie zu bringen. Sein reines Blau fließt durch uns hindurch und befreit uns von allen negativen Gedanken. Er beruhigt unser Nervensystem, löst Verspannungen und daraus resultierenden Kopfschmerz. Unters Kopfkissen gelegt, beschert er uns einen ruhigen Schlaf, hilft bei Halsentzündungen, Masern und Mumps, reguliert die Schilddrüsenfunktion und kann bei Krampfadern, Ausschlägen und Blutungen eingesetzt werden

Gebrauch: Handsteine, Anhänger, Ketten, zum Auflegen, Steinwasser
Farben: Blaßgrün, Blaßblau, Himmelblau
Fundorte: Ural/GUS, Namibia, Sri Lanka, Pakistan, Burma, Colorado/USA, Brasilien

CALCIT

Der Calcit lehrt uns die selbstlose Liebe. Nicht selten verbindet er sich bei seinem Wachstum mit dem Amethysten, was die Heilwirkung beider Steine erweitert. An sich hat der Calcit kein sonderlich großes Heilspektrum, und doch ist er ein sehr wichtiger Stein. Gerade heute, wo so viele Frauen an Osteoporose leiden, ist dieses Mineral beinahe unersetzlich. Er ist einer der wenigen, die bei Knochenerkrankungen einen optimalen Einfluß haben. Er stärkt unseren Knochenbau und fördert einen optimalen Heilungsprozeß nach Brüchen. Außerdem schützt er uns vor Arterienverkalkung und beugt Gedächtnisstörungen vor. Auch Herzinfarktgefährdete sollten den Calcit verwenden.

Gebrauch: Anhänger, Ketten, Rohsteine
Farben: Farblos, Weiß, Grau, Gelb bis Braun, Rötlich, Bläulich, Schwarz, seltener Grün
Fundorte: Kalkalpen, Juragebirge/Frankreich, Schweiz, Süddeutschland, Harz, Erzgebirge, Böhmen, Cumberland/England, Irland, Ontario/Kanada, Missouri, Süddakota, Colorado/USA, Mexiko, Krim, Mittelsibirien/GUS

CHALCEDON

Sehr weit reichen die Heilanwendungen des Chalcedon zurück. So ist bekannt, daß ihn die Tibeter als ein Sinnbild der Lotusblume verehrten; in anderen Kulturen wurde er zu kunstvollen Schmuckstücken oder einfachen Amuletten verarbeitet. Schon damals wurde der weiße Chalcedon Müttern zur vermehrten Milchbildung gegeben. Die heilige Hildegard entdeckte ihn zur Vertreibung von Zorn. Tatsächlich bringt er Ruhe in unser Nervensystem und löst beunruhigende Gedankengänge auf. Dieser Stein ist ferner jedem zu empfehlen, der unter physischen wie psychischen Problemen im Kehl- und Halsbereich leidet. Er wirkt unterstützend bei der Ausarbeitung und Abhaltung von Vorträgen, auch bei mündlichen Prüfungen, da er der Stimme Sicherheit und Ausdruckskraft gibt. Auch für eine optimale Funktion der Schilddrüse sowie bei Stimmbänderschwierigkeiten ist dieser blauweiß gebänderte Stein anwendbar. Ferner ist er ein gutes Mittel zur Blutstillung und bei eitrigen Wunden.

Gebrauch: Handsteine, Rohsteine, Anhänger, Ketten, zum Auflegen, Steinwasser
Farben: Alle hellen Blautöne, Weißlich-grau, meist gestreift
Fundorte: Brasilien, Uruguay, Madagaskar, Indien, Namibia, Österreich

CHRYSOKOLL

Der Chrysokoll strahlt Liebe und Frieden aus, stärkt uns in unserer Selbstachtung und in unserer Verbundenheit mit der Natur. Dieser herrliche Stein öffnet den Geist für alles Schöne und bringt unseren Körper in Harmonie. Der Chrysokoll hilft mit seiner feinen Schwingung, Ängste abzubauen, mehr Toleranz den eigenen Schwächen und der anderer zu üben. Sensiblen, intuitiven Menschen bereitet er den Weg zu Einblicken in Vergangenheit und Zukunft. Zu diesem Zweck plazieren wir einen Stein auf die Mitte der Stirn. Er lindert Menstruationsbeschwerden, beugt Fehl- und Frühgeburten vor und wirkt während der Geburt unterstützend. Auch bei Unfruchtbarkeit sollten wir auf den Chrysokoll nicht verzichten. Sehr wohltuend ist seine Wirkung bei Schilddrüsenproblemen und Nackenverspannungen. Allen jenen, die unter starken Gemütsschwankungen leiden, bringt er Ruhe und Ausgeglichenheit.

Gebrauch: Handsteine, Anhänger, Ketten, Kugeln, Pyramiden
Farben: Leuchtendes Grün, Blau, Blaugrün
Fundorte: Chile, Ural/GUS, Arizona, Nevada/USA, Zaire

CHRYSOPRAS

Der apfelgrüne Chrysopras ist ein wertvoller Stein. Im Griechischen lautet sein Name „Goldlauch". Durch ihn können wir den richtigen Umgang mit der Pflanzenwelt erlernen. Er öffnet alle unsere Sinne dafür. Der Chrysopras ist ein für unsere Psyche sehr wichtiger Stein, sofern uns Schuld- und Minderwertigkeitsgefühle quälen. Bei Epilepsie und Hysterie erzielt man ebenso gute Heilerfolge wie bei Drüsenerkrankungen und zur Stabilisierung von Herz und Kreislauf. Auch bei Blutungen und Entbindungen empfiehlt es sich, einen solchen Stein bei sich zu tragen.

Gebrauch: Rohsteine, Handsteine, Anhänger, Ketten
Farben: Gelbgrün bis Apfelgrün
Fundorte: USA, Brasilien, Australien, Madagaskar, Indien, Südafrika, Polen, GUS

DIAMANT

Der Diamant, der königlichste aller Steine, ist wohl das wertvollste Geschenk aus dem Mineralreich, das uns zuteil wurde. Durch seine universelle Heilkraft vermag er uns, bei jedem, wie auch immer gearteten Problem, Hilfe und Erleichterung zu verschaffen. Doch sei hier jeder gewarnt, der für diesen Stein nicht reif genug ist und ihn aus unedlen Motiven trägt. Denn er wirft alle negativen Gedanken seines Trägers auf diesen zurück. Viele Überlieferungen erzählen, daß Menschen, die im Besitz eines größeren Diamanten waren, plötzlich und auf seltsame Weise den Tod fanden oder sogar freiwillig aus dem Leben schieden. Aber allen Menschen, die bewußt und mit Liebe mit diesem Mineral arbeiten, werden sich unerschöpfliche Möglichkeiten auftun. Seine Anwendungsmöglichkeiten reichen vom Wurzel- bis zum Scheitelzentrum, auf physischer wie auf psychischer Ebene gleichermaßen. Es ist unnötig, einzelne Heilwirkungen anzuführen, da er allumfassend wirkt und uns lehrt, daß in der größten Reinheit und Einfachheit die universellste Kraft liegt.

Gebrauch: Rohsteine, geschliffene Steine, Steinwasser
Farben: Gelblich, Rötlich, Braun, Schwarz, Farblos, Grün, Blau
Fundorte: Südafrika, Namibia, Botswana, Angola, Ghana, Zaire, GUS, Indien, Indonesien, Brasilien, Venezuela, Westaustralien

DIOPTAS

Der Dioptas ist ein herrlich grüner Stein, der manchmal in der Nähe von Smaragden wächst und auch mit diesen oft verwechselt wird. Mit seiner intensiven Farbe erinnert er an dichte Palmenhaine und Wälder und öffnet unser Herz für die Natur. Er ist ein noch relativ junger Stein und leider nicht gerade leicht zu erhalten, was sich auch auf seinen Preis niederschlägt. Unser Geist wird von ihm auf wunderbare Weise belebt, und er hilft uns, durch Streß hervorgerufene Verkrampfungen zu lösen. Noch unbewußte Gedanken und Gefühle gelangen mit ihm ins Bewußtsein. Bei nervlichen Problemen sollten wir ständig einen Dioptas mit uns führen. Auch für Herz und Kreislauf ist er einer der stärksten Steine. Für unser gesamtes Wohlbefinden ist er der ideale Stein.

Gebrauch: Rohsteine, Handsteine, Anhänger
Farben: Smaragdgrün, Dunkelgrün, Flaschengrün
Fundorte: Shaba/Zaire, Chile, Peru, Namibia, Kasachstan/GUS, Arizona, Kalifornien/USA

FALKENAUGE

Falkenauge und Tigerauge sind sich durch ihren seidigen Glanz optisch sehr ähnlich. Wegen seines weichen Aussehens fühlen sich besonders Menschen, die sich nach Wärme und Geborgenheit sehnen, zu ihm hingezogen. Seine blaugrüne bis schwarze Färbung machen ihn zu einem Stein, der auf mehreren Ebenen eingesetzt werden kann. So verhilft er uns, auf die Augen gelegt, zu inneren Einsichten sowie zu mehr Ruhe und Ausgeglichenheit. Auch unsere feinstofflichen Energiekanäle werden von ihm gereinigt. Das Falkenauge stärkt unsere Atmungsorgane und wirkt auf Herz, Lunge, Unterleib, Knochen und Gelenke. Außerdem hat es einen günstigen Einfluß auf die Blutbahnen.

Gebrauch: Handsteine, Rohsteine, Anhänger, Ketten, zum Auflegen, Steinwasser
Farben: Blaugrau bis Blaugrün
Fundorte: Südafrika, Westaustralien, Burma, Indien, Kalifornien/USA

FEUEROPAL

Der Feueropal ist einzigartig in der Gruppe der Opale. Mit seinem orangeroten Licht vermittelt er uns Wärme und Geborgenheit; überdies veranschaulicht er die Kraft der Erde. Er gibt uns Mut, Willensstärke und verhilft unserem Körper zu mehr Ausdauer und Energie. Er vermag unseren Sexualtrieb in ein harmonisches Gleichgewicht zu bringen und sorgt für die optimale Durchblutung unserer Innenorgane. Dank seiner großen Kraft löst er alte Denkweisen in uns auf, um neuen Ideen Raum zu verschaffen. Auch bei Problemen im Verdauungstrakt kann der Feueropal mit viel Erfolg eingesetzt werden.

Gebrauch: Rohsteine, Handsteine, Anhänger, Ketten, Eier
Farben: Rot bis Orange
Fundorte: Türkei, Libyen, Ägypten, Mexiko, Südaustralien, Neuseeland, Neukaledonien, USA

FLUORIT

Der Fluorit, auch „Stein der Genies" genannt, bildet oft „Doppelpyramiden", sogenannte Oktaeder. Diese Form ist sicher die heilkräftigste, was unseren Geist anbelangt, da sie unsere Gehirnströme steigert. Unsere beiden Gehirnhälften werden dadurch angeregt, optimal zusammenzuarbeiten. Aber auch in jeder anderen Form ist dieser Stein unersetzlich, weil er uns aus dem Kosmos gegeben wurde, um den Intellekt zu steigern und unser Bewußtsein zu erweitern. Durch seine Farbenvielfalt ist der Fluorit einer jener Steine, mit dem man alle Energiezentren behandeln kann. Er lehrt uns, Verantwortung für alle unsere Handlungen zu übernehmen sowie das Selbstvertrauen und die Konzentration zu stärken. Außerdem sind Erfolge bei der Behandlung von Geisteskrankheiten nachzuweisen. Auch zur Meditation und Inspiration können wir mit dem Fluorit arbeiten. Er hilft uns ferner, Blockaden emotioneller Art zu lösen, sowie bei Atemproblemen, Herz- und Kreislaufstörungen.

Gebrauch: Handsteine, Anhänger, Ketten, Oktaeder, Kugeln, Pyramiden, Obeliske, zum Auflegen und Aufstellen, Massagestäbe
Farben: Sämtliche Töne in Violett, Blau, Grün, selten in Gelb, Rosa, Rötlich, Grau, Braun und Schwarz
Fundorte: Harz, Ostbayern, Thüringen, Tauern/Österreich, Schweiz, England, Spanien, GUS, Illinois/USA, Namibia

GOLDTOPAS

Der Goldtopas ist der bekannteste aus der Familie der Topase. In vielen alten Überlieferungen wird er „der Stein des Glücks" genannt. Im Mittelalter wurde er hauptsächlich als Schutz gegen den bösen Blick getragen. Seine Strahlen verbinden uns mit der Kraft der Sonne und bringen freudige Lebendigkeit in unser Leben. Er hilft uns bei der Erweiterung unseres Bewußtseins sowie unsere innere Ruhe zu finden. Auch regt er unsere Kreativität an. Der Goldtopas hilft bei nervlichen Anspannungen. Er harmonisiert, gleicht aus, wirkt bei Ängsten, Depressionen, Erschöpfung, Verdauungsproblemen, Leberbeschwerden, stärkt die Wirbelsäule und stimuliert die Geschmacksnerven. Der Topas kommt auch noch in den Nuancen Rosa, Grün, Farblos und Blau vor. Dem blauen Topas habe ich wegen seiner besonderen Heilkräfte ein eigenes Kapitel gewidmet. Die Rosa- und Grüntönungen kräftigen unser Herz, und der farblose Stein hilft uns bei der Meditation.

Gebrauch: Rohsteine, Handsteine, Anhänger, Steinwasser
Farben: Honig-Goldgelb; weitere Varietäten Farblos, Zartrosa, Blaßgrün
Fundorte: Brasilien, Mexiko, Sri Lanka, Burma, Pakistan, Namibia, Utah, Colorado/USA, Sachsen, Ural/GUS

GRANAT

Der Granat erfreute sich bei allen wegen seiner schützenden Funktion großer Beliebtheit. Er entfaltet sein gesamtes Potential an Heil- und Leuchtkraft freilich erst im geschliffenen Zustand. Durch sein tiefes Rot können wir das Wurzelzentrum aktivieren, was bei einem unterentwickelten Sexualtrieb bis hin zur Erektionsschwäche sehr hilfreich ist. Er schenkt uns Beständigkeit, Entschlußkraft und gibt uns immer neue Impulse. Ferner unterstützt der Granat den Blutaufbau und wirkt kreislaufstabilisierend. Zur Anwendung kommt er auch bei Herz- und Gemütserkrankungen, Verkalkung, Rheuma, Arthritis, auch trägt er wesentlich zum Öffnen aller Energiekanäle bei.

Gebrauch: Handsteine, Anhänger, Ketten, Steinwasser
Farben: Sehr viele Rottöne, oft mit Stich ins Bläuliche, Grüntöne, Orangerot, Farblos, Schwarz, Brauntöne
Fundorte: Madagaskar, Indien, Sri Lanka, Alaska, Schweden, Norwegen, Tschechien, Brasilien, Afghanistan, Arizona/USA, Südafrika, Australien, in kleinen Mengen auch Österreich

HÄMATIT (BLUTSTEIN)

Da bei der Bearbeitung des Hämatits das Schleifwasser durch den feinen Staub rot gefärbt wird, erhielt er den Namen Blutstein. Im alten Ägypten wurden den Toten Hämatit-Amulette mit ins Grab gelegt, um ihnen den Gang von dieser Welt in eine andere zu vereinfachen. Weise des Orients bezeichneten den Hämatit als Glücksstein gegen den bösen Blick sowie bei Rechtsangelegenheiten. Wegen seines hohen Eisengehaltes ist der Blutstein sehr schwer. Wie sein Name sagt, wird er bei Blutproblemen eingesetzt, z. B. bei Blutarmut, zur Reinigung des Blutes, zum Blutstillen und bei diversen anderen Bluterkrankungen. Er reinigt auch Organe wie Milz, Leber und Nieren, die das Blut entschlacken, und hilft bei Hautunreinheiten, Spasmen, Wadenkrämpfen, Nackenverspannungen, Rückenschmerzen und Migräne. Nach Operationen unterstützt der Hämatit den Heilungsprozeß und entstört durch leichtes Massieren die Narben.

Gebrauch: Handsteine, Anhänger, Ketten, Kugeln, Heilstäbe
Farben: Schwarzsilbrig, braunroter Metallglanz
Fundorte: Alpen, Italien, Schweiz, Großbritannien, Frankreich, Rumänien, Schweden, GUS, Kanada, USA, Brasilien, Indien, Australien

HELIOTROP (BLUTJASPIS)

Der Heliotrop ist ein dunkelgrüner Stein mit roten Tupfen. Im Mittelalter schrieb man ihm besondere magische Kräfte zu, da man die roten Flecken für Blutstropfen Christi hielt. Man nennt ihn auch Blutjaspis, doch hat er mit dem Blutstein (Hämatit) nichts gemein. Eigentlich ist der Heliotrop ein intensiv gefärbter Chalcedon. Menschen, die sehr unter Kälte leiden, vermag er bei Hautkontakt wohlige Wärme zu vermitteln. Bei Blasenerkrankungen können wir mittels Auflegen auf den Unterleib gute Heilerfolge erzielen. Ferner stärkt und durchblutet er unsere Innenorgane wie Nieren, Leber und Milz. Bei Krampfadern läßt sich durch leichtes Massieren der betroffenen Stellen mit einem Heliotrop eine Linderung der Beschwerden erzielen. Über der Thymusdrüse getragen, stärkt er unser Immunsystem. Und für das Herz ist er einer der besten Steine.

Gebrauch: Handsteine, Anhänger, Scheiben, Ketten, Pyramiden, Obelisken, Steinwasser
Farben: Dunklere Grüntöne mit roten Flecken und Punkten
Fundorte: Indien, Australien, Brasilien, China, USA

HERKIMER DIAMANT

Der Herkimer ist eigentlich ein doppelendiger Bergkristall. Die Bezeichnung „Diamant" erhielt er deshalb, weil er fast wie ein geschliffener Diamant aussieht. Der Herkimer kommt ausschließlich im Staat New York, in der Nähe der Niagarafälle, bei einer Stadt namens Herkimer, vor. Er ist wunderbar in seinem Aussehen wie auch in seinen Anwendungsmöglichkeiten. So ist er nämlich einer der ganz wenigen Steine, die gegen Faltenbildung wirken. Seine heilenden Kräfte kann man ferner im Frühstadium von Tumoren einsetzen. Auch bei Vergiftungen, Rötungen und Erdstrahlen kann er hilfreich sein; sogar bei der Aufarbeitung von Erinnerungen an frühere Leben kann er einiges leisten. Der Herkimer verleiht Kraft, Energie, Ausstrahlung und Zuversicht. Trägt man ihn mit anderen Steinen, so wird es diesen möglich, tiefer ins Nervensystem einzudringen und etwaige Blockaden zu lösen.

Gebrauch: Rohsteine, Steinwasser
Farben: Glasklar bis durchscheinend
Fundort: Herkimer/USA

HOWLITH

Der Howlith wird wegen seiner Optik oft mit dem Magnesit verwechselt. Er hat auch sehr ähnliche Heilwirkungen, obwohl aus mineralogischer Sicht gar keine Gemeinsamkeiten vorhanden sind. Oftmals wird der Howlith auch künstlich gefärbt und kommt dann fälschlicherweise als Türkis in den Handel. Am besten schützt man sich davor, indem man Steine im Fachhandel erwirbt. Der Howlith beeinflußt unsere Knochen, Gelenke, Nägel sowie die Zähne positiv. Vor allem aber wirkt er stark harntreibend und unterstützt uns bei einer Diät. Er ist der ideale Stein bei Freßlust und Fettleibigkeit. Dank seiner entwässernden Eigenschaft, nimmt er die daraus resultierenden Schwellungen aus den Gelenken, vor allen in den Beinen.

Gebrauch: Handsteine, Anhänger, Ketten, Kugeln, Steinwasser
Farben: Schneeweiß mit schwarz-braunen Adern durchzogen
Fundorte: Windsor/Nova Scotia, Kalifornien, Mohavewüste/USA

JADE (JADEIT)

Schon 5000 vor Christus in Ägypten und ab dem 18. Jahrhundert in China bekannt, galt Jade zu allen Zeiten als der beste Edelstein. Bei uns ist er auch als „Stein der Demut" bekannt, steht er doch für Zufriedenheit, Selbstlosigkeit, Sachlichkeit, Tapferkeit und Klugheit. Er gilt als Stein der Liebe, des Friedens, der Harmonie und Ausgeglichenheit. Mit Hilfe des Jade lassen sich Träume deuten und verstehen; er verhilft uns zu größerer Bewußtheit und zu längerem Leben. Ferner bringt er uns Entspannung und festigt Liebesbeziehungen. Außerdem hat Jade einen heilenden Einfluß auf Augen-, Nieren- und Blasenleiden. Er findet auch Anwendung bei Unfruchtbarkeit, Migräne, Verbrennungen, Neuralgien, Grippe, Gürtelrose, Herpes, bei Verdauungsbeschwerden, Koliken, Gelbsucht und Magenbeschwerden. Bei der Geburt sollte Jade in der Hand oder am Körper getragen werden. Zur Entwässerung können wir Jadewasser trinken.

Gebrauch: Handsteine, Anhänger, Ketten, zum Auflegen, Steinwasser
Farben: Alle Grüntöne, Gelb, Weiß, Schwarz, Rot, Grau, Violett, Rosa
Fundorte: Burma, China, Neuguinea, Japan, Kalifornien, USA, Mexiko

JASPIS

Jaspis, seit jeher als „Mutter aller Edelsteine" bekannt, ist sicher einer der kräftigsten Steine, die wir kennen. Immer schon hat man ihm magische Kräfte nachgesagt. Vorwiegend bringt er uns mit der umfassenden Kraft der Mutter Erde in Verbindung. Er kommt in sehr vielen Brauntönen vor, aber auch in Grün, als sogenannter Heliotrop, dem ich wegen seiner besonders starken Heilwirkung ein eigenes Kapitel gewidmet habe. Der rote Jaspis hilft am besten bei Übelkeit und übermäßiger Eßlust während der Schwangerschaft und kann außerdem die Entbindung erleichtern – ein wunderbarer Stein für alle Bereiche des Unterleibes. Ferner erwärmt er den Körper und hat einen heilenden Einfluß auf die Innenorgane. Kein anderer als Jaspis kann uns so viel Körperenergie spenden; er erweist sich für jeden Geschwächten als wahre Kraftquelle. Sollte er zu starken negativen Einflüssen ausgesetzt sein, wird der Jaspis verblassen oder gar zerspringen.

Gebrauch: Rohsteine, Handsteine, Anhänger, Ketten, Steinwasser
Farben: Grün, Ocker, Rot, Rotbraun, Braun, Grau
Fundorte: Indien, Ägypten, USA, GUS, Afrika, Frankreich

KARNEOL

Durch seine warme orangerote Farbe bringt uns der Karneol mit der Energie und Herrlichkeit unseres Planeten in Verbindung. Er erinnert uns an rotgoldene Sonnenuntergänge und lehrt uns Zufriedenheit. Spiritistisch veranlagte Menschen können mit ihm Reisen in die Vergangenheit unternehmen. Mit ihm lassen sich die Lebenskräfte neu wecken, unsere Kreativität und unser schöpferisches Denken steigern. Der Karneol übt eine harmonisierende Wirkung auf unsere Sexualorgane aus, er löst Blockaden in diesem Bereich, die oft Ursache für Unfruchtbarkeit und Impotenz sind. Er hilft uns bei Durchblutungsstörungen, Krampfadern, Leberproblemen, Verdauungsbeschwerden, zur Blutstillung, bei Rheuma, Nervenschmerzen, Konzentrationsschwäche und Verwirrtheit.

Gebrauch: Handsteine, Anhänger, Ketten, Steinwasser
Farben: Orange, Gelb und Rot sowie Brauntöne; der bräunliche Stein wird oft als Sarder bezeichnet
Fundorte: Brasilien, Uruguay, Australien, Indien, Rumänien

KORALLE

Die Koralle ist ein Produkt, das in tropischen Gewässern von kleinsten Lebewesen aufgebaut wird. Sie wurde von den Tibetern und Indianern als Symbol für Lebenskraft hochverehrt. Sie wußten, daß die Koralle für den Knochenbau – besonders bei Kindern unersetzlich ist. Dafür nahm man hauptsächlich die rote Koralle. Erblaßt sie beim Tragen, so zeigt dies eine Erkrankung des Blutes an. Tatsächlich ist diese Varietät eine wertvolle Hilfe bei Anämie, Durchblutungsstörungen, Kreislaufbeschwerden, Mangelernährung, Menstruationsbeschwerden und Unfruchtbarkeit. Außerdem unterstützt sie die Entschlackung wie auch Nieren- und Blasentätigkeit. Rosa und rote Koralle sind hervorragend geeignet bei Nerven- und Herzproblemen. Bei empfindlichem Zahnfleisch, Karies, Osteoporose, Arthritis und Rachitis ist vorwiegend die weiße Koralle zu empfehlen. Schwarze Koralle hat eine erdende Wirkung und sollte von allen getragen werden, die zu Tagträumerei neigen. Ferner schützt sie vor allen negativen Einflüssen. Sie sollte aber wie alle schwarzen Steine oft gereinigt werden. Generell hat die Koralle eine kräftigende Wirkung auf Haut, Haar und Nägel.

Gebrauch: Rohkoralle, Anhänger, Ketten, Wasser
Farben: Rot, Orange, Rosa, Weiß, Blau, Schwarz
Fundorte: In vielen Meeren der Welt, z. B. Australien, Südsee, Mittelmeer, Indischer Ozean

KUNZIT

Der Kunzit ist ein klarer rosa Stein mit einem Hauch von violett. Lange Zeit hat er kaum Beachtung gefunden, aber offenbar ist unsere Zeit reif für ihn. Immer mehr Menschen sehnen sich nach selbstloser Liebe und sind auch bereit, diese zu geben. Mit dem Kunzit lernen wir die Kraft des Verzeihens, wir können mit ihm in hervorragender Weise Anpassungsprobleme überwinden. Er harmonisiert das Herz im physischen wie im psychischen Bereich und hilft uns Nervenanspannungen abzubauen und Verspannungen zu lösen. Auch bei Kreislaufbeschwerden, Übelkeit, Depressionen, Angst und übermäßiger Reizbarkeit ist dieser rosarote Stein anwendbar. Da der Kunzit ein eher brüchiger Stein ist, sollten wir behutsam mit ihm umgehen.

Gebrauch: Rohsteine, Anhänger, Steinwasser
Farben: Rosa bis Violett
Fundorte: Brasilien, Madagaskar, USA, Namibia, Simbabwe, Afghanistan

LABRADORIT

Mit seinem intensiven Farbenspiel, das man Labradorisieren nennt, ist der Labradorit einer der herrlichsten Steine. Die ersten seiner Art fand man im 18. Jahrhundert auf der Halbinsel Labrador. Er ist ein Stein der Gegenwart und Zukunft. Er besitzt die Kraft, alle Energiezentren anzuregen. Am besten eignet sich dazu der in Finnland vorkommende Spektrolith, der alle Farben des Regenbogens widerspiegelt. Ebenso hat er die Fähigkeit, in uns schlummernde Talente an die Oberfläche zu befördern. Er aktiviert in hervorragender Weise unser Selbstheilzentrum und verhilft uns zu mehr Frohsinn. Bei Wirbelsäulenverkrümmung und Muskelschwäche sollten wir ebenfalls stets einen Labradorit bei uns tragen. Ein wunderbarer Helfer ist er auch bei der Verarbeitung negativer Kindheitserinnerungen.

Gebrauch: Rohsteine, Handsteine, Anhänger, Ketten, Kugeln
Farben: Dunkelblau bis Schwarz mit buntem Farbenspiel
Fundorte: Labrador/Kanada, Mexiko, Madagaskar, Ukraine/GUS. Der aus Finnland stammende Stein wird auch Spektrolith genannt.

LAPISLAZULI

In vielen Kulturen wurde der Lapislazuli als heiliger Stein verehrt. Er schmückte die Kleidung der Priester ebenso wie Kronen und die Brustpanzer von Adeligen. Oft entstanden sogar ganze Götzenbilder und manch anderer Zierat aus diesem Stein. Kaum jemand konnte sich der Faszination dieses azurblauen Steines mit seinen goldenen Pyriteinschlüssen entziehen. Er erinnert uns auch oft an einen Sternenhimmel aus Tausendundeinernacht. Der Lapislazuli steigert unsere visionären Neigungen und verhilft uns zu neuen Erkenntnissen. Zu diesem Zweck legt man ihn auf die Stirn. In der Sonne erwärmt und auf die betroffenen Stellen gelegt, findet er bei Entzündungen und Schwellungen, Schmerzen jedweder Art und Neuralgien, Insektenstichen und Hautausschlägen Verwendung. Ferner wirkt er bei nervösen Kopfschmerzen, Gelbsucht, erhöhtem Blutdruck, Depressionen, Streß, Epilepsie und Wassersucht. Wir können den Lapislazuli auch zur Vorbeugung gegen einen Schlaganfall tragen.

Gebrauch: Rohsteine, Handsteine, Anhänger, Ketten, Kugeln
Farben: Hell- bis Dunkelblau, häufig mit weißen Flecken und Pyriteinschlüssen
Fundorte: Afghanistan, Chile, Burma, Baikalsee/GUS

MAGNESIT

Der Magnesit ist heute ein sehr seltener Stein geworden, dennoch bleibt er – wie früher – als Mittel gegen Fettleibigkeit sehr begehrt. Gerade in unserer Zeit, mit ihren vielen, zum Teil umweltbedingten Ernährungssünden, ist der Magnesit eine große Hilfe. Mit seinen entschlackenden und entgiftenden Eigenschaften vermag er, neben dem Howlith, eine Diät am ehesten zu unterstützen. Doch seine Heilwirkung ist nicht nur auf diesen Bereich beschränkt, vielmehr wirkt er bei Geburten krampflösend; er hilft bei Unfruchtbarkeit, Rheumaerkrankungen, Zahnproblemen, Schwächezuständen, Krebserkrankungen im Frühstadium und zur Senkung des Cholesterinspiegels. Auch zum Entwässern läßt er sich einsetzen. Und obendrein verleiht er uns mehr Überzeugungskraft.

Gebrauch: Rohsteine, Handsteine, Anhänger, Steinwasser
Farben: Farblos, Weiß, Gelb bis Braun, Grau, Schwarz
Fundorte: Tirol, Kärnten, Steiermark/Österreich, Griechenland, Italien, Norwegen, Schweden

MAGNETIT

Aus alten Überlieferungen geht hervor, daß der Magnetit in früheren Zeiten besonders bei Männern sehr beliebt war. Er wurde benutzt, um die Manneskraft zu erhalten und zu stärken. Für diesen Zweck wurde der Stein über einige Zeit in Öl gelegt. Heute verwendet man ihn hauptsächlich, um durch Haltungsschäden verursachte Schäden der Wirbelsäule zu korrigieren. Auch Rheuma und Gelenksschmerzen lassen sich mit dem Magnetit wegen seiner magnetischen Wirkung gut behandeln. Er hilft auch Krämpfe und Verspannungen zu lösen, fördert einen schnellen Heilungsprozeß bei Brüchen, gibt Kraft und Energie. Bei Krebserkrankungen im Frühstadium unterdrückt der Magnetit das Wachstum kranker Zellen. Auf die Stirn gelegt, können wir unseren Geist mit ihm beleben. Oftmalige Reinigung ist für ihn sehr wichtig, da er durch seine große Kraft bei jeder Behandlung sehr viel negative Energie aus uns holt.

Gebrauch: Rohsteine
Farben: Eisenschwarz, Metallglanz
Fundorte: Erzgebirge, Thüringen, Siegerland, Schweden, Norwegen, Finnland, Frankreich, GUS, Indien, Südafrika, USA, Brasilien, Österreich

MALACHIT

Der Malachit war schon ein heißbegehrter, heiliger Stein in der altägyptischen Kultur. Er wurde hauptsächlich bei Kindern und Schwangeren zur Wachstumsförderung eingesetzt, aber auch in der „Kosmetik": In pulverisierter Form fand er als Augenschminke Verwendung. Um die Sprache der Tiere zu verstehen, sollte man täglich Wasser aus einem aus Malachit gefertigten Gefäß trinken. Diese Sage kann man in zahlreichen Überlieferungen alter Kulturen finden. Auf jeden Fall bringt dieser Stein Lebendigkeit und Beweglichkeit in unser Leben. Wir können mit ihm alle Chakren behandeln, um deren Energiefluß anzuregen und Blockaden zu lösen. In der heutigen Lithotherapie behandelt man mit ihm häufig das Herzzentrum. Auch kann er bei Koliken, Vergiftungen, Asthma, Cholera, Rheuma, Multipler Sklerose und der Parkinsonschen Krankheit eingesetzt werden. Bei Liebeskummer können wir einen Stein auf dem Herzen tragen. Nach jeder Heilbehandlung sollte er gründlich gereinigt werden, da er sonst stumpf wird oder – als einer der ganz wenigen Steine – seine Kraft verliert.

Gebrauch: Rohsteine, Handsteine, Anhänger, Ketten, Kugeln, Pyramiden, Heilstäbe, zum Auflegen, Steinwasser
Farben: Smaragdgrün bis Schwarzgrün
Fundorte: Frankreich, Erzgebirge, Siegerland, England, Ural/GUS, Zaire, Arizona, Neu-Mexiko/USA, Australien, Chile

MONDSTEIN

Seinen Namen verdankt dieser seit jeher begehrte Stein dem Blauschimmer, der den Betrachter an eine Mondnacht erinnert. Genaugenommen handelt es sich hier um einen Labradorit, dem große geistige Bedeutung zugeschrieben wurde: Er verdeutlicht das Ziel der Geschlechter zum androgynen Menschen. Männer unterstützt er bei der Entfaltung und Entdeckung ihrer femininen Eigenschaften und Teenager, ihre Unsicherheit während der Pubertät zu überstehen. Ferner vermag er übersteigerte Emotionen abzuschwächen und zu beruhigen. Er stimuliert den Wachstumsprozeß und ist nützlich bei Lymphstauungen, wozu man ihn direkt auf die Schwellungen legt. Mondstein fördert die Fruchtbarkeit und eignet sich besonders gut zur Behandlung von Menstruationsbeschwerden und Magersucht. Empfindliche, sensible Menschen sollten diesen Stein nicht bei Vollmond tragen und Frauen nicht während der Menstruation.

Gebrauch: Handsteine, Anhänger, Ketten
Farben: Orange, Grau, Gelblich, Milchig, Farblos, Blau schimmernd
Fundorte: Indien, Sri Lanka, Burma, Tansania, Australien, Brasilien, USA

MOOSACHAT

Wegen seiner besonderen Fähigkeiten, die Menschen mit der Natur in Verbindung zu bringen, sie zu lehren, auf sie zu achten und zu schätzen, war der Moosachat besonders bei den Indianern ein beliebter Stein. Auch heute ist dieser Stein besonders denen zu empfehlen, die in und mit der Natur arbeiten, wie z. B. Bauern, Gärtnern, Bergsteigern, Plantagenarbeitern, aber auch allen, die sich um ein besseres Verständnis der Natur bemühen. Mit seinen farn- oder moosartigen Einschlüssen gleicht der Moosachat oft herrlich grünen Landschaftsbildern. Allein sein Anblick bringt uns Freude und Harmonie. Der Moosachat erweist sich als besonders hilfreich bei Schwächezuständen, bei Disharmonien im Nervensystem und bei Herzstörungen.

Gebrauch: Handsteine, Anhänger, Ketten, zum Auflegen, Kugeln, Steinwasser
Farben: Farblos, milchig Weiß mit grünen, braunen oder roten moosartigen Einlagerungen
Fundorte: Indien, China, USA, GUS

OBSIDIAN

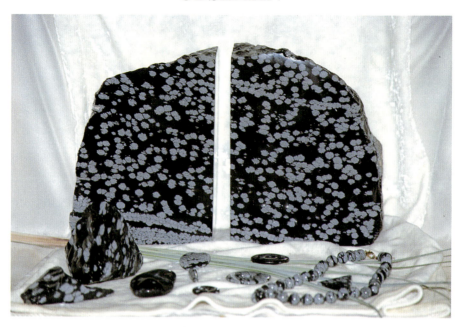

Der Obsidian entstand im flammenden Kern unseres Planeten. Bei Vulkanausbrüchen wurde er dann an die Erdoberfläche befördert. Man nennt ihn auch Lavaglas. Nordamerikanische Indianerstämme benutzten den Obsidian wegen seiner scharfen Kanten gern als Schneidewerkzeug und bei Feiern und Ritualen, um ihre Intuition zu verstärken. Sein Entstehungsprozeß verdeutlicht seine erdende Wirkung. Er ist somit wunderbar für Menschen geeignet, die sich in Tagträumereien verlieren. Er vermag verhärtete Blockaden aufzulösen und jedem zu helfen, der bereit ist für neue Erkenntnisse und dem damit verbundenen Durchwanderungsprozeß. Ebenso regt er unsere Verdauung an, stärkt Haut, Haar, Nägel, Knochen und die Wirbelsäule. Von Sensiblen sollte er bei Meditationen nicht unbedingt verwendet werden, da er durch seine starke Wirkung solche Menschen leicht irritieren kann. Wie alle schwarzen Steine sollte der Obsidian nach jeder Behandlung gereinigt werden.

Gebrauch: Handsteine, Anhänger, Ketten, Kugeln
Farben: Dunkelgrün, Braun, Tiefschwarz, Schwarz mit weißen Flecken (Schneeflockenobsidian)
Fundorte: Italien, Türkei, Island, Ungarn, Neu-Mexico, Wyoming, Utah/USA, Mexiko, Java, Japan

ONYX

Der Onyx galt schon in der Antike als wichtiger Stein und wurde vor allem von Griechen und Römern sehr geschätzt. Gern wurde er als Amulett getragen, um die Sehkraft zu stärken und zu erhalten. Auch zur Förderung der Körperkraft und zur Beschleunigung von Heilungsprozessen wurde er eingesetzt. Heute wissen wir noch etwas mehr über den Onyx. Besondere Wertschätzung verdient er wegen seiner Eigenschaft, den Menschen zu mehr Erdverbundenheit zu verhelfen. Zu diesem Zweck sollten wir ständig einen Onyx bei uns tragen. Für Wetterfühlige ist er ebenso unentbehrlich, wie für jene, die nach mehr Ernsthaftigkeit streben. Im physischen Bereich hilft er uns bei Durchblutungsstörungen und Gehörproblemen. Er stärkt Haut, Haar, Nägel und heilt eitrige Wunden. Wichtig bei schwarzem Onyx: die Reinigung nach jeder Behandlung. Da Onyx eine sehr starke Eigenschwingung aufweist, sollten wir während der Arbeit mit ihm auf andere Steine verzichten.

Gebrauch: Handsteine, Anhänger, Ketten, Kugeln
Farben: Schwarz, Schwarzweiß
Fundorte: Brasilien, Madagaskar, Indien

OPAL

Einer der farbigsten, schönsten und faszinierendsten edlen Steine ist der Opal. Seinem Irisieren in allen Farben des Spektrums kann sich kaum jemand entziehen. Man nennt ihn auch den Stein der Künstler, weil er die Eigenschaft besitzt, alle verborgenen Talente an die Oberfläche zu befördern. Da der Opal wirklich in allen Farben des Regenbogens vorkommt, läßt er sich sehr vielseitig anwenden. Roter Opal eignet sich vorwiegend zur Behandlung des Wurzelzentrums und regt unsere Sinnlichkeit an. Der schwarze nimmt uns die Angst vor Dunkelheit und lindert Depressionen. Die grüne Varietät stärkt unser Herz und belebt, beruhigt oder besänftigt es gleichzeitig. Sind in einem Stein alle Farben gleichermaßen vertreten, so können wir diesen für alle Energiezentren verwenden. Besonderheiten des Opals sind, daß er in der Lage ist, Karma zu beschleunigen. Wegen seiner starken Eigenschwingung ist es ratsam, während der Arbeit mit Opal auf andere Steine zu verzichten.

Gebrauch: Rohsteine, Handsteine, Anhänger, Ketten, zum Auflegen, Steinwasser
Farben: Alle Farben, aber auch einfarbig, Rotorange (Feueropal), durchscheinend Weiß, Blaugrün, Schwarz, Gelb
Fundorte: Australien, Mexiko, Brasilien, Slowakei

PADPARADSCHA

Der Padparadscha ist ein sehr rarer Stein und nur schwer zu bekommen; entsprechend hoch ist sein Preis. Trotzdem möchte ich ihm eben gerade dieser Seltenheit wegen ein Kapitel widmen. Sein Vorkommen beschränkt sich fast ausschließlich auf Sri Lanka. Der Name des Padparadscha stammt aus dem Singhalesischen und bedeutet übersetzt „Lotusblüte". Fälschlicherweise wird er oft Königstopas genannt, obwohl er ein Saphir ist. Das Besondere an ihm ist seine Farbe, die von Orange bis Pink reicht. Sicher ist er einer der stärksten Steine für das Milz- und Solarplexus-Chakra. Der Padparadscha reinigt und wärmt unsere Innenorgane, gibt uns heitere Ruhe und Gelassenheit. Ferner zieht er auf magische Weise gute Freunde an und verstärkt unsere Menschenkenntnis. Er schenkt uns einen tiefen, erholsamen Schlaf und Träume, die in die Zukunft blicken. Er gilt als Stein der Gedankenklärung und des Reichtums. Sollte Ihnen je ein solcher Stein begegnen, seien Sie sich dieser Besonderheit bewußt.

Gebrauch: Rohsteine, Schmucksteine
Farben: Verschiedene Orangetöne, manchmal einen Ton ins Pink
Fundort: Ratnapura/Sri Lanka

PERIDOT (OLIVIN, CHRYSOLITH)

Der Peridot wurde schon von den Ägyptern wegen seiner Qualität hoch geschätzt. Manche dieser Steine wurden uns aus dem All geschickt, da sie in Meteoriten gefunden wurden. Doch auch auf der Erde wächst dieser Stein, was uns zeigt, daß es eine Zeit gab, wo Sonne, Mond und Erde eins waren. Der Peridot ist mit großartigen Kräften ausgestattet und hat vielfältige Anwendungsmöglichkeiten. Besonders geeignet ist er für Menschen, die an Gefühlskälte leiden. Auch diejenigen, die hartnäckig an alten Verhaltensmustern festhalten, sollten diesen Stein tragen. Auch für Zornige, Eifersüchtige, Eingebildete und Wehleidige eignet er sich hervorragend, bei Herzproblemen, Entzündungen, nervösen Verspannungen sowie Depressionen läßt sich der Olivin gleichermaßen gut anwenden. Besonders hervorzuheben ist seine Wirkung bei Neurodermitis. Wenn man einige Steine über vierzehn Tage in Olivenöl ansetzt und dann die betroffenen Stellen täglich damit behandelt, kann man wahre Wunder wirken. Am wirkungsvollsten ist diese Behandlung in Kombination mit einer Kette aus Turmalin und Bernstein.

Gebrauch: Handsteine, Anhänger, Ketten
Farben: Gelbgrün, Olivgrün
Fundorte: Insel Zebirget/Ägypten, Oberbirma, Australien, Brasilien, Südafrika, USA, Zaire, Norwegen

PERLE

Die Perle stammt aus den Tiefen der Meere. Sie entsteht aus Fremdkörpern, die in die Muschel eindringen. Dieser Vorgang verdeutlicht uns, daß wir durch schmerzhafte Prozesse und Erfahrungen zur Vollkommenheit finden können. Früher haben hauptsächlich Witwen Perlen getragen, was dem Juwel fälschlicherweise den Ruf einbrachte, der Trägerin nur Tränen zu bescheren. Perlen sind jedoch ein wunderbares Geschenk, das, auf der bloßen Haut getragen, erst seine wahre Schönheit entfaltet. Je harmonischer die Trägerin von Perlen ist, desto mehr Glanz strahlen diese aus. Werden Perlen matt, so zeigt dies mit Sicherheit eine bevorstehende Krankheit an. Die Perle eignet sich wegen ihres reichhaltigen Gehaltes an Eiweiß und Kalzium hervorragend zur Behandlung von Gelenks- und Knochenproblemen. Außerdem hilft sie Muskelkrämpfe zu lösen. Auch regt sie die Reinigung und Ausscheidungsprozesse im Körper an und stärkt Haut, Haar und Nägel. Die Perle sollte wie Opal und Onyx wegen der starken Eigenschwingung nicht gleichzeitig mit anderen Edelsteinen zum Einsatz gebracht werden.

Gebrauch: Anhänger, Ketten, Armbänder
Farben: Silberweiß, Gelbgold, Cremeweiß, Weiß, Grünblau, Schwarz, Grausilber, Rosa
Fundorte: Japan, Australien, Südsee, Indischer Ozean, Mittelamerika, Golf von Mannar, Persischer Golf

PRASEM

Der Prasem, auch als Smaragd- oder Lauchquarz bekannt, hatte schon zur Zeit der heiligen Hildegard einen hohen Stellenwert. Damals wie heute wendet man ihn hauptsächlich bei allergischen Hautkrankheiten an. Dazu wird er täglich zwanzig Minuten auf den Nabel gelegt. Sobald man eine Besserung des Zustandes feststellt, sollte man die Behandlung einstellen und den Prasem für keine andere Heilanwendung mehr gebrauchen, da sich die Heilkraft des Steines dann erschöpft hat. Es gibt im Mineralreich nur sehr wenige Steine, die sich sozusagen für ihren Träger opfern, aber der Prasem gehört dazu. Des weiteren können wir ihn zur Nervenberuhigung, zur Schmerzlinderung, bei Verbrennungen und Oberflächenverletzungen, wie Prellungen, Blutergüssen und Hautabschürfungen, einsetzen.

Gebrauch: Rohsteine, zum Auflegen, Handsteine
Farben: Lindgrün, Lauchgrün, manchmal mit gelben Flecken
Fundorte: Schottland, USA, Westaustralien

PYRIT (MARKASIT)

Der Pyrit mit seinem wunderbaren, an Gold erinnernden Gefunkel, wurde früher von unwissenden Goldgräbern für reines Gold gehalten. Bald schon wurde seine Wirkung als homöopatische Medizin, bei Erkrankungen der Atemwege und starkem Husten entdeckt. Auch bei Angina und Grippe läßt sich hervorragend mit ihm arbeiten. Personen, die an mangelnder Entschlußkraft leiden, sollten einen Pyrit bei sich tragen. Auch hilft er, noch unentdeckte Talente in uns zu fördern. Bei großen Veränderungen im Leben kann er zur Bewältigung von Problemen beitragen. Geistig arbeitende Menschen sollten ihn nachts unter das Kopfkissen legen.

Gebrauch: Handsteine, Rohsteine, Anhänger, Ketten, Kugeln
Farben: Messinggelb, Goldgelb
Fundorte: Westfalen, Harz, Erzgebirge, Italien, Spanien, Norwegen, Schweden, Griechenland, Ural/GUS, Südafrika, Colorado, Tennessee/USA, Australien

PYRITSONNE

Es gibt selten einen Stein, der soviel Energie ausstrahlt wie die Pyritsonne. Nicht selten kommt es vor, daß bei einer Behandlung mit der Sonne diese schon nach wenigen Minuten zerspringt. Meist geschieht es bei Menschen, die mit sehr viel Negativität behaftet sind. Auf das Sonnengeflecht gelegt, hilft dieser Stein bei Streß und saurem Magen; auf die Brust gelegt, zeigt er seine heilsame Wirkung bei Atemproblemen, Erkrankungen der Atemwege und Bronchien. Wir sollten die Pyritsonne täglich zwanzig Minuten auf die betroffenen Stellen legen. Zur besseren Ausrichtung der Wirbelsäule und gegen Rückenbeschwerden sollten wir diesen Stein mit ins Bett nehmen und darauf schlafen.

Gebrauch: Zum Auflegen und Aufstellen
Farben: Messinggelb, Goldgelb, in allen Regenbogenfarben schillernd
Fundort: Ausschließlich Illinois/USA (in Schiefergestein)

RAUCHQUARZ

Der Rauchquarz birgt alle Fähigkeiten des Bergkristalles in sich und verfügt durch seine rauchbraune Tönung noch über verstärkte Kräfte für unser Wurzelzentrum. Er ist ein Stein, der insbesondere egoistischen Menschen hilft, negative Ablagerungen und Verhaltensweisen zu durchbrechen und abzubauen. Der Rauchquarz besitzt eine überaus hohe Ultraschallfrequenz, was seine starken Heilkräfte erklärt. Dieser Stein eignet sich zur Behandlung von Süchten aller Art. So hilft er uns bei Rauch-, Trunk- und Drogensucht, aber auch bei Schizophrenie und starken Depressionen mit Selbstmordgedanken. Er nimmt Ängste, behebt Stimmungsschwankungen und verringert materielles Denken, sofern wir nach geistiger Verwirklichung streben. Der Rauchquarz stärkt das Haut- und Bindegewebe sowie das Muskelsystem; aber auch bei Infektionen und Krebserkrankungen kann er eingesetzt werden.

Gebrauch: Rohsteine, Handsteine, Anhänger, Ketten, Kugeln, Steinwasser
Farben: Transparentes Hellgrau, Braun, Dunkelbraun bis Schwarz (Morion)
Fundorte: Schweiz, Brasilien, Colorado/USA, Madagaskar

RHODOCHROSIT

Dem Rhodochrosit sollten wir ob seines breiten Heilspektrums besondere Achtung entgegenbringen. Er war den Inkas heilig, was ihm auch den Namen Inkastein einbrachte. Kaum ein anderer weckt in uns so sehr das Bedürfnis nach Zärtlichkeit und Liebe, diese gleichermaßen zu geben und zu nehmen. Mit seinem wunderschönen Rosa, durchzogen mit weißen Streifen, ist es nicht nur eine Freude, ihn anzusehen, er hilft uns auch bei allen physischen und psychischen Problemen des Herzens. Der Rhodochrosit hat sich außerdem bei Atemwegserkrankungen, unreiner Haut, Kreislaufbeschwerden, ferner in Streßsituationen, bei Nagelgeschwüren sowie bei Leberbeschwerden und Krebserkrankungen bewährt. Er weckt unser schöpferisches Denken und schützt vor Verleumdungen.

Gebrauch: Handsteine, Anhänger, Ketten, Steinwasser
Farben: Hell- bis Dunkelrosa mit weißen Streifen und Maserungen
Fundorte: Siegerland, Sachsen, Rumänien, Spanien, Frankreich, Südafrika, Colorado/USA, Mexiko, Argentinien, Ural/GUS

RHODONIT

Rhodonit, der Stein der Veränderungen. Mit seiner Hilfe schaffen wir es leichter, bei Neuanfängen im Leben die richtigen Entscheidungen zu treffen. Er ist ein großer Stein der Liebe und stärkt unser Herz. Außerdem lehrt er uns, auch die negativen Aspekte der Liebe zu integrieren. Für Schulkinder und Studenten ist der Rhodonit ein idealer Stein gegen Prüfungsangst, da er zu Ruhe und Ausgeglichenheit verhilft und die Konzentration steigert. Menschen, die in ihrem Sexualverhalten gestört sind, erfahren durch ihn Harmonie in der körperlichen Liebe. Dank seines Mangangehaltes wirkt er auch begünstigend auf Legastheniker.

Gebrauch: Rohsteine, Handsteine, Anhänger, Ketten, Kugeln
Farben: Hellrot, Rosenrot, Blaurosa, schwarz gefleckt oder durchädert
Fundorte: Harz, Italien, Rumänien, Schweden, Ural/GUS, New Jersey/USA, Brasilien, Indien, Japan, Australien

ROSENQUARZ

Wie sein Name schon sagt, erinnert uns der Rosenquarz mit seiner zarten rosa Farbe an Rosenknospen und -blüten. Er versetzt unsere Seele in sanfte Schwingungen und fördert unsere Liebe und Zärtlichkeit sowie unseren Sinn für alles Schöne. Künstlern, vor allem Musikern, Malern und Dichtern, hilft er, ihr ganzes Potential auszuschöpfen. Da der Rosenquarz über beruhigende und besänftigende Kräfte verfügt, fördert er die Heilung aller Herzerkrankungen. In Gold gefaßt, entfaltet er eine wohltuende Wirkung bei Multipler Sklerose. Mit einem etwa faustgroßen Rohstein kann man sich gut vor Erdstrahlen, Wasseradern sowie der negativen Strahlung von Elektrogeräten schützen. Dazu sollte der Stein achtzig Zentimeter von der Schlafstelle entfernt aufgestellt und mindestens dreimal pro Woche entladen werden. Auch wirkt ein solcher Stein bei Schlaflosigkeit. Mit einem Handstein kann man verhärtetes Narbengewebe massieren; auch bei blauen Flecken ist er wohltuend. Kindern in der Pubertät ist Rosenquarz eine große Hilfe, aber auch Männern, die Probleme mit dem Akzeptieren ihrer weiblichen Seite haben.

Gebrauch: Rohsteine, Handsteine, Anhänger, Ketten, Kugeln, Obelisken, Pyramiden, Steinwasser, Heilstäbe
Farben: Hell- bis Dunkelrosa, manchmal auch leicht violett
Fundorte: Brasilien, Madagaskar, Südwestafrika, GUS, USA

RUBIN

Der Rubin erinnert mit seinem tiefen Rot an das wärmende Feuer und wirkt bei Läuterungsprozessen unterstützend. Er fördert die geistige und körperliche Liebe und bringt diese in Einklang miteinander. Schon im Altertum wurde dem Rubin belebende Energie bei Lethargie, Auszehrung und Schwäche zugesprochen. Auf das Herz wirkt er stärkend; er aktiviert die Blutzirkulation und reinigt das Blut. Ferner hilft er bei Menstruationsbeschwerden, Blutniederdruck, Augenleiden, fiebrigen Erkrankungen, Koliken, Virusinfektionen, Spasmen und Gicht. Für Menschen mit mangelndem Sexualtrieb ist der Rubin eine ausgezeichnete Hilfe. Rubinwasser ist, wenn man es trinkt, ein hervorragendes Heil- und Verjüngungsmittel. Bei mangelnder Lebensenergie gibt er uns Mut und Energie. Durch die starken Kräfte des Rubin genügt es, ihn über der Kleidung zu tragen, da es bei Sensitiven passieren kann, daß der Rubin auf der Haut zu stark wirkt. Auch zu Eifersucht neigende Menschen sollten vorsichtig mit ihm umgehen, da er den Freiheitsdrang des Partners fördert.

Gebrauch: Rohsteine, Anhänger, Ketten, Steinwasser
Farben: Sämtliche Rottöne, manchmal mit einem Stich ins Blau
Fundorte: Schweiz, Norwegen, Burma, Tansania, Thailand, Indien, Sri Lanka, Birma

RUTILQUARZ

Der Rutilquarz ist eigentlich ein Bergkristall, bei dessen Wachstum sich das Titanoxyd Rutil in feinen Fäden eingelagert hat. Der Volksmund nennt diese Einschlüsse wegen ihres Goldschimmers auch Venushaar. Durch die Einlagerung der Rutilnadeln in den Kristall wird seine Schwingung extrem verfeinert, was ihn zu einem sehr heilkräftigen Stein macht. Er fördert in kranken Organen das Wachstum gesunder Zellen, ist hilfreich bei Schilddrüsenerkrankungen, Herzschmerzen, Herzrhythmusstörungen, Atembeschwerden, Bronchitis und Erkältungen. Durch die Titannadeln fließen zusätzlich elektrische Ströme, die uns helfen, emotional bedingte Blockaden rasch zu lösen.

Gebrauch: Roh- und Handsteine, Anhänger, Ketten, Kugeln, Massagestäbe, Steinwasser
Farben: Glasklar bis durchscheinend, milchig Weiß durchzogen mit goldenen bis silbrigen Rutilnadeln (Titanoxyd)
Fundorte: Tirol/Österreich, Italien, Schweiz, Norwegen, GUS, USA, Mexiko, Brasilien und Namibia

SAPHIR

Der Saphir ist der Stein der Wahrheit, Klugheit und der Treue, auch der Yogis, Wunderheiler und der Heiligen. Er ist ein Stein, der die Überzeugung im Menschen am meisten fördert und uns bei der Realisierung hochgesteckter Wünsche und Ideale hilft. Alte und neue Erkenntnisse weisen auf ein breites Spektrum von Heilwirkungen des Saphirs hin. So wirkt er fieber- und blutdrucksenkend. Er wird auch angewandt bei Hautunreinheiten und Hauterkrankungen, Asthma, Augenleiden, Sehschwäche, Tumoren, Geschwüren, Blutungen, Ischiasbeschwerden und gegen frühzeitiges Altern. Wegen seiner beruhigenden Wirkung wird er zur Linderung von Nervosität und Schlaflosigkeit verwendet. Ohrenkrankheiten, Schwindel, übermäßiges Schwitzen, Nasenbluten, Schilddrüsen-, Kehlkopferkrankungen und Stottern werden vorwiegend mit dem blauen Saphir behandelt.

Gebrauch: Rohsteine, Handsteine, Anhänger, Ketten
Farben: In allen Blautönen (begehrteste Farbe Kornblumenblau), Farblos, Grün, Rosa, Gelb, Orange
Fundorte: Australien, Sri Lanka, Birma, Kambodscha, Thailand

SARDONYX

Der Sardonyx ist ein schwarz-brauner Chalcedon, oft mit weißen Streifen durchzogen. Er ist ein sehr wichtiger Stein für uns. Schon zur Zeit der heiligen Hildegard von Bingen hatte er einen hohen Stellenwert. Ist er doch jener Stein, der uns, in den Mund genommen, vor Dummheit schützt. Der Sardonyx hilft uns, Trauer und Depressionen zu überwinden, er gibt uns Kraft und Selbstvertrauen, auch um die Wahrheit hervorzubringen. Bei Vergiftungen und Rückenmarkerkrankungen kann er eine wertvolle Unterstützung sein. Er schenkt uns Glück und zieht außerdem ehrliche, aufrichtige Menschen an.

Gebrauch: Handsteine, Anhänger, Ketten, Kugeln, zum Auflegen, Steinwasser
Farben: Rostbraun bis Schwarz mit weißen Streifen
Fundorte: China, Indien, Brasilien, Uruguay, Madagaskar

SELENIT

Der Selenit, auch Fraueneis oder Marienglas genannt, ist insofern ein besonderer Stein, weil er nicht unbedingt geeignet ist, physische Probleme zu lösen. Um so mehr ist er ein Stein, der wegen seiner hohen Transparenz zur geistigen Weiterentwicklung eingesetzt wird. Bei sensiblen Menschen kann er zur telepathischen Kommunikation eingesetzt werden, da er die Fähigkeit besitzt, Informationen zu speichern und sie auch wieder abzugeben. Das brachte ihm auch den Namen Telefonstein ein. Es ist Menschen, die je ein Stück desselben Selenits zur Verfügung hatten, tatsächlich gelungen, Informationen auszutauschen.

Gebrauch: Zum Auflegen und Aufstellen
Farben: Farblos, Weiß, manchmal Perlmutt- und Seidenglanz sowie viele Farbtönungen
Fundorte: Harz, Thüringen, Tirol/Österreich, Elsaß/Frankreich, Tunesien, Marokko, Usbekistan, GUS, Utah, Neu-Mexiko/USA, Mexiko, Chile

SMARAGD

Seit der Steinzeit gilt der Smaragd als der göttlichste aller Edelsteine. Es gibt viele Legenden und Überlieferungen, in denen von sagenhaften Smaragdschätzen alter Kulturen berichtet wird. Von den Azteken und Inkas sagt man, daß sie oft sehr große Steine in Anhänger und Brustpanzer eingearbeitet haben. Sein faszinierendes Grün erinnert uns an die üppigen Tropenwälder und fördert unser Verständnis für die Natur. Der Smaragd ist der Stein der Liebe, da er sie zur All-Liebe erhebt. Dieses Juwel ist hervorragend zur Regeneration und Verjüngung geeignet. Besondere Beachtung verdient er auch wegen seiner Heilwirkung bei Augenerkrankungen. Ferner besitzt er die Eigenschaft, Krankheitserreger zu vernichten und wirkt somit antibakteriell. Ebenso findet er bei Gallen- und Leberbeschwerden, Herzschwäche, Magengeschwüren, bei Warzen und Hautkrebs, Epilepsie, Gedächtnisschwäche, Malaria, Gicht und Rheuma seine Anwendung. Der Smaragd schützt alle Reisenden zu Wasser, zu Lande und in der Luft. Auch fördert er unseren inneren Reichtum.

Gebrauch: Rohsteine, Handsteine, Anhänger, Ketten, Steinwasser
Farben: Alle Grüntöne, am begehrtesten Smaragdgrün
Fundorte: Kolumbien, Brasilien, Südafrika, Habachtal/Österreich

SODALITH

Der Sodalith ist in seinem etwas verwaschenen Blau nicht ganz so leuchtend wie der Lapislazuli, aber unter den blauen Steinen der mit der dichtesten Schwingung. Mit ihm lassen sich unsere Ziele und Ideen besser verwirklichen. Er regt den Geist an, indem er wirre Gedanken ordnet und uns zu mehr Konzentration verhilft. Verträumten Menschen, die nicht immer mit beiden Beinen im Leben stehen, erleichtert er es, sich mit ihren Ansichten der Realität anzupassen. Der Sodalith erweist sich als wohltuend für unser Nervensystem, da er uns Ausgeglichenheit und Ruhe vermittelt. Nach großen Aufregungen bringt er unser Gleichgewicht zurück. Unentbehrlich kann er für Frauen in den Wechseljahren werden, da er den Stoffwechsel reguliert. Auch bei zu hohem Blutdruck ist der Sodalith zu empfehlen.

Gebrauch: Rohsteine, Handsteine, Anhänger, Ketten, Kugeln, Steinwasser
Farben: Blau mit grauweißen Zeichnungen
Fundorte: Eifel, Italien, Rumänien, Portugal, Norwegen, GUS, Arkansas/USA, Bolivien, Brasilien

SUGILITH (LUVULITH)

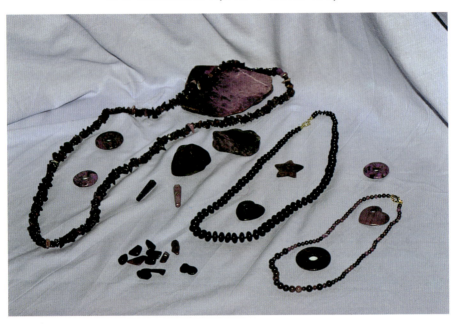

Der Sugilith ist ein Stein, der erst vor einigen Jahren entdeckt wurde. Er ist der Stein des Wassermannzeitalters. Es gibt nur wenige mit einer so umfassenden Heilkraft. Vor allem hilft er an Krebs, Sucht und an Immunschwäche Erkrankten. Die einzige Fundstelle war in Südafrika und ist leider bereits erschöpft. Dieser wunderbare Stein vermag Energiekanäle zu öffnen und wirkt im ganzen Körper zellerneuernd. Besonders für sensible Menschen eignet er sich hervorragend als Schutzstein. Der Sugilith hilft uns bei jedem Neubeginn, schenkt uns Bescheidenheit, Seelenfrieden, räumt Selbstzweifel aus und lehrt uns Ergebenheit und Selbstkontrolle. Jeder, der für diesen Stein reif ist, wird magisch von ihm angezogen. Da der Sugilith sehr selten ist, erhält man ihn nur begrenzt.

Gebrauch: Rohsteine, Handsteine, Anhänger, Ketten
Farben: Dunkel- bis Hellviolett, oft mit schwarzen Flecken
Fundort: Südafrika (bereits erschöpft)

TIGERAUGE

Der sich bewegende Lichtschimmer verleiht dem Tigerauge eine faszinierende Lebendigkeit. Bei unserem Bestreben nach Glückseligkeit, Behaglichkeit, Sicherheit und Entfaltung ist dieser Stein ein hilfreicher Begleiter, da er uns lehrt, all das nur dann zu erreichen, wenn wir offen und flexibel bleiben. Das Tigerauge übt eine wärmende Wirkung auf den Körper aus und hilft uns, Erkältungen schneller zu überwinden. Bei Asthma und Bronchitis trägt man einen Tigerauge-Stein auf der Brust. Er aktiviert das Bewegungszentrum und stärkt Knochen und Gelenke; außerdem wirkt er beruhigend auf die Nerven im Stoffwechselsystem. Schulpflichtigen Kindern kann das Tigerauge ein wertvoller Freund werden, da es die Konzentrationsfähigkeit steigert. Ferner stärkt es die Leber und wirkt bakterienhemmend. Leuten, die nicht verstehen mit Geld umzugehen, verhilft das Tigerauge zu mehr Selbstdisziplin. Ebenso unersetzlich ist es für Streßgeplagte, die es zur Beruhigung auf dem Sonnengeflecht tragen.

Gebrauch: Handsteine, Anhänger, Ketten, zum Auflegen, Steinwasser
Farben: Goldgelb und Goldbraun
Fundorte: Westaustralien, Burma, Indien, USA, Südafrika

TIGEREISEN

Das Tigereisen mit seinen phantasievollen, landschaftsähnlichen Musterungen ist dem Tigerauge nahe verwandt. Für unseren Planeten ist dieser Stein eine Opfergabe, da er den Lichtstrom des kosmischen Raumes unter die Erdoberfläche bringt. Das Tigereisen lehrt uns Veränderungen im Leben hinzunehmen und diese optimal zu verarbeiten. Durch seine erdigen wie auch goldigen Farben ist das Tigereisen gleichermaßen für das Wurzelzentrum wie für das Scheitelzentrum geeignet. Es hilft uns bei der Entschlackung der Ausscheidungsorgane und bei der Gesunderhaltung der Leber und Nieren. Aber auch zur geistigen Entwicklung können wir es einsetzen.

Gebrauch: Handsteine, Anhänger, Ketten, zum Auflegen, Steinwasser
Farben: Goldgelb, Goldbraun mit rötlichen und grausilbrigen Streifen
Fundorte: USA, Indien, Burma, Südafrika, Australien

TÜRKIS

Es gibt kaum einen zweiten Stein, der so sagenumwoben ist wie der Türkis. In fast jeder Hochkultur gelangte er zu Ehren. Er war Ägyptern, Persern und Indianern heilig. Nicht umsonst sagt man ihm nach, der wirkungsvollste Schutzstein zu sein, besitzt er doch die Kraft, unseren Körper mit einem Energiefeld vor Strahlungen zu schützen. Wir können den Türkis bei Hals-, Lungen- und Atemwegserkrankungen, bei Stottern, Augenproblemen, Kupfermangel, Alpträumen sowie Nervenerkrankungen einsetzen. Außerdem besitzt er eine stark krampflösende Wirkung. Verfärbt oder zerspringt der Türkis, so hat er sich für seinen Träger geopfert. Dieses Phänomen kann man meist bei Schwerkranken beobachten. Er ist der Schutzstein für alle Reisenden, vor allem Flugpersonal, sowie für Pferd und Reiter.

Gebrauch: Hand- und Rohsteine, Anhänger, Ketten, zum Auflegen
Farben: Türkisblau, Hellblau, Blaugrün
Fundorte: Vogtland, Thüringen, Schlesien/Polen, Iran, Turkestan/GUS, Mandschurei, Sinai/Ägypten, Neu-Mexiko, Arizona, Nevada/USA

TURMALIN

Der Turmalin ist an Schönheit, Farbenvielfalt und breitem Wirkungsbereich von keinem anderen übertroffen. Über ihn ließe sich ein ganzes Buch schreiben. Da der Turmalin die Kraft besitzt, sich unter dem Einfluß von Wärme, Kälte oder automatischem Druck elektrisch aufzuladen, ist dieser ein idealer Stein für das gesamte Nervensystem. Der Turmalin erweist sich in allen Farben als zellerneuernd. Die grüne Variante wirkt ausgleichend auf Blutdruck und Herz. Der rosa Turmalin fördert unsere selbstlose Liebe und kann gleich dem grünen für das Herz verwendet werden. Verbinden sich Grün und Rosa in einem Stein, so nennt man ihn Wassermelonenturmalin. Sehr selten findet man den blauen Turmalin, der aber am besten geeignet ist, Tränenfluß zu unterbinden, Verbrennungen zu kühlen, Fieber zu senken, Kopf- und Zahnschmerzen zu heilen, sowie unserer Stimme mehr Ausdruck zu verleihen. Auch bei Halsschmerzen kann er hilfreich sein. Beim Streben nach mehr Bewußtsein sollten wir einen Stein auf die Stirnmitte legen.

Gebrauch: Rohsteine, Handsteine, Anhänger, Ketten, zum Auflegen, Steinwasser
Farben: Farblos, Schwarz, Braun, Grün, Blau, Rosa, Rot, Violett, auch verschieden gefärbt
Fundorte: Tirol/Österreich, Italien, England, GUS, Kenia, Tansania, Madagaskar, Mocambique, Namibia, Sri Lanka, USA, Brasilien, Australien

TURMALIN SCHWARZ (SCHÖRL)

Wegen seiner vielen Besonderheiten verdient es der schwarze Turmalin, eigens abgehandelt zu werden. Er ist der stärkste und heilkräftigste aller schwarzen Steine und kann im Gegensatz zu anderen ruhig mit Farbsteinen kombiniert werden. Außerdem ist er der einzige Stein überhaupt, der nicht gereinigt werden muß, da er Negativität nicht absorbiert, sondern ablenkt. Diese Fähigkeit macht ihn zum besten Stein, der uns vor a l l e m Negativen bewahrt. Eifersüchtigen und zornigen Naturen bringt er mehr Ruhe und Gelassenheit. Bei Erschöpfungszuständen gibt er uns Energie und hilft uns, emotional bedingte Blockaden zu lösen. Neigen wir zu spirituellem Abgehobensein, bringt uns der Schörl auf die Erde zurück.

Gebrauch: Rohsteine, Handsteine, Anhänger
Farbe: Schwarz
Fundorte: Tirol/Österreich, Italien, England, GUS, Kenia, Tansania, Madagaskar, Mocambique, Namibia, Sri Lanka, USA, Brasilien, Australien

TURMALINQUARZ

Der Turmalinquarz ist ein Bergkristall, bei dessen Wachstum sich infolge verschiedener Einflüsse schwarze Turmalinnadeln einlagern. Durch diese Verbindung von Schwarz und Weiß wird die Schönheit eines jeden auf besondere Art hervorgehoben. Diese zwei normalerweise getrennt wachsenden Steine lehren uns durch ihre Verbindung, Gegensätzliches nicht abzulehnen, sondern es zu akzeptieren und ins tägliche Leben zu integrieren. Der Turmalinquarz hilft uns, alles Negative positiv zu verarbeiten, aber auch bei allen Neuanfängen sowie bei schwierigen Partnerschaften.

Gebrauch: Rohsteine, Handsteine, Anhänger, Ketten, Kugeln
Farben: Farblos bis Weiß mit schwarzen Einschlüssen aus Turmalin
Fundorte: Sri Lanka, Südwestafrika, Brasilien, USA, Madagaskar

ZIRKON (HYAZINTH)

Der Zirkon war schon im Mittelalter ein heißbegehrter Stein, da man um seine Fähigkeit wußte, einem die Wahrheit zu offenbaren. Er ist uns bekannt als der Stein, der Astralreisen begünstigt. Es gibt ihn in vielen Farben, aber keiner bringt so viel Wirkung wie ein brauner bis rotbrauner Zirkon. Der Hyazinth hilft bei Augenleiden, indem wir ihn täglich für zwanzig Minuten auf die Lider legen. Bei Allergien legen wir ihn für denselben Zeitraum auf den Nabel oder Solarplexus. Ferner können wir ihn bei Nieren-, Leber-, Milzerkrankungen als Anhänger tragen, ebenso bei Stoffwechselstörungen. Bei Vergiftungen aller Art verschafft uns das Trinken von Zirkonwasser rasche Hilfe.

Gebrauch: Rohsteine, Anhänger, Steinwasser
Farben: Braun, Gelbrot bis Rotbraun (Hyazinth), Strohgelb, Rot, Grün, Blau und Farblos
Fundorte: Eifel, Österreich, Norwegen, Ural/GUS, Australien, Indien, Sri Lanka, USA, Kanada, Brasilien

ZITRIN

Der Zitrin ist ein Stein, der unter dem Zeichen von Weisheit und Freude steht. Er verstärkt die Leuchtkraft der Aura und gibt uns Zuversicht. Mit seinem warmen goldenen Licht versetzt er den Solarplexus in harmonische Schwingung. Der Zitrin wird durch Brennen von Amethyst heute schon oft künstlich erzeugt. Der auf diese Weise hergestellte Zitrin hat dieselben Heilkräfte wie der echte, jedoch in abgeschwächter Form. Diesen Stein gibt es in verschiedenen Gelbschattierungen, die alle unterschiedlicher Wirkung sind. So hilft uns der dunklere Zitrin gegen Ängste aller Art, behebt Gefühle der Schuld sowie Streß-Darmprobleme, Rastlosigkeit und Hautprobleme. Die Steine in hellerem Gelb wirken hauptsächlich günstig auf die Bauchspeicheldrüse und das endokrine Nervensystem. Für Zuckerkranke ist er ein unersetzlicher Helfer. Auch bei Völlegefühl und Magenkrämpfen findet er Verwendung.

Gebrauch: Rohsteine, Handsteine, Anhänger, Ketten, Obeliske, Pyramiden, Kugeln, Steinwasser
Farben: Alle Gelbtöne, manchmal Braun
Fundorte: England, Spanien, Madagaskar, Brasilien

ZOISIT

Der Zoisit ist ein wunderschöner grüner Stein mit Rubineinschlüssen. Er ist ein sehr kraftvoller Stein, der für eine bessere Durchblutung der Geschlechtsorgane sorgt. Der Zoisit wirkt auf unser zentrales Nervensystem harmonisierend und auf Menschen, die sich gerne in Tagträumereien verlieren, erdend. Seine stärkende Wirkung auf Hoden und Gebärmutter machen ihn zu einem der wirkungsvollsten Fruchtbarkeitssteine. Auch für alle Probleme mit dem Herzen ist der Zoisit durch seine Farbkombination wie geschaffen.

Gebrauch: Rohsteine, Handsteine, Anhänger, Ketten, zum Auflegen
Farbe: Grün
Fundorte: Kärnten/Österreich, Wallis/Schweiz, Südtirol/Italien, GUS, Tansania, Namibia, Wyoming/USA

Schlußwort

Das vorliegende Buch hat mit Sicherheit nicht alle mit Heilsteinen zusammenhängenden Probleme erschöpfend behandelt. Meine Schwester und ich stehen Ihnen aber für allfällige Fragen gern zur Verfügung.

Zuordnung der Edelsteine zu Krankheiten und Symptomen

Abwehrkräfte	Achat, Bergkristall, Heliotrop, Schörl
Aggression	Aquamarin, Chalcedon, Rosenquarz
Akne	Amethyst, Aventurin, Bergkristall, Olivin
Allergie	Aquamarin, Aventurin, Bernstein, Olivin, Prasem, Zirkon
Alpträume	Amethyst, Ametrin, Jade, Rutil
Alkoholismus	Amethyst, Rauchquarz, Sugilith
Anämie	Granat, Hämatit, Koralle rot, Rubin
Angina	Aquamarin, Bernstein, blauer Edeltopas, Smaragd
Angina Pectoris	Heliotrop, Rosenquarz
Ängste	Amethyst, Goldtopas, Rhodonit, Rosenquarz, Zitrin
Ärger	Bergkristall, Lapislazuli, Rosenquarz, Schörl
Arthritis	Bernstein, Calcit, Chrysokoll, Malachit
Asthma	Bernstein, Rutil, Tigerauge
Atemwege	Aquamarin, Bernstein, Rutil, Tigerauge, Türkis
Augen	Aquamarin, Bergkristall, Falkenauge, Onyx, Rubin, Smaragd
Aura	Bergkristall, Diamant, Labradorit, Schörl, Türkis
Ausdruckskraft	Chalcedon, Lapislazuli, Turmalin blau
Babys	Achat, Bernstein, Rosenquarz
Bandscheibe	Bergkristall, Calcit, Hämatit, Magnetit
Bauchspeicheldrüse	Bergkristall, Jaspis rot, Pyritsonne, Zitrin
Bettnässen	Chalcedon, Rosenquarz
Bindegewebe	Rauchquarz, Smaragd, Turmalin rosa
Bisse (Insekten)	Lapislazuli, Malachit, Onyx
Blase	Bernstein, Heliotrop, Jade, Jaspis
Blähungen	Jaspis rot, Karneol
Blockaden	Bergkristall, Fluorit, Herkimer, Rutil, Schörl, Sugilith, Zitrin
Blutdruck allgemein	Hämatit, Smaragd, Turmalin grün
Blutdruck hoch	Lapislazuli, Saphir blau, Sodalith
Blutdruck nieder	Granat, Rubin
Blutungen	Bergkristall, Chalcedon, Hämatit
Blutvergiftung	Bergkristall, Diamant, Karneol, Malachit, Sugilith
Brandwunden	Amethyst, Bergkristall
Bronchitis	Bernstein, Rutil, Tigerauge, Türkis
Brustkrebs	Schörl, Sugilith, Turmalin grün
Darm	Bergkristall, Jaspis, Karneol, Rutil, Smaragd
Depressionen	Azurit-Malachit, Goldtopas, Lapislazuli, Schörl, Turmalin, Zitrin
Diabetes	Diamant, Karneol, Pyritsonne, Zitrin
Drüsen	Aquamarin, Bernstein, Chalcedon, Diamant, Sodalith, Topas blau
Durchblutung	Granat, Heliotrop, Jaspis rot, Koralle rot, Rubin
Eifersucht	Amethyst, Bergkristall, Schörl
Entscheidung	Azurit, Bergkristall, Bernstein, Saphir
Entschlackung	Howlith, Koralle rot, Magnesit
Entzündungen	Aquamarin, Lapislazuli, Saphir, Smaragd, Topas blau, Turmalin grün, blau
Epilepsie	Achat, Lapislazuli, Smaragd, Turmalin

Erkältung	Aquamarin, Bernstein, Rutil, Tigerauge
Erröten	Lapislazuli, Mondstein
Erschöpfung	Goldtopas, Rauchquarz, Schörl, Turmalin
Fehlgeburt	Achat, Chrysokoll, Rubin
Fettsucht	Amethyst, Bergkristall, Diamant, Howlith, Magnesit
Fieber	Achat, Bernstein, Chrysokoll, Diamant, Lapislazuli, Rubin, Saphir, Smaragd
Fruchtbarkeit	Chrysokoll, Granat, Jade, Jaspis, Mondstein, Padparadscha
Galle	Bernstein, Heliotrop, Jaspis, Karneol, Malachit, Smaragd, Sugilith
Gastritis	Jaspis, Pyrit-Sonne, Smaragd, Sugilith, Zitrin
Gebärmutter	Achat, Hämatit, Jade, Jaspis
Geburt	Achat, Chrysokoll, Jade, Jaspis, Smaragd
Gefühlskälte	Chrysokoll, Mondstein, Rhodochrosit, Rosenquarz
Gehör	Bernstein, Jaspis, Onyx
Geisteskrankheit	Fluorit, Saphir blau
Gelenke	Azurit, Calcit, Dioptas, Magnetit, Tigerauge
Geschlechtskrankheit	Amethyst, Granat, Hyazinth
Gicht	Bernstein, Chrysopras, Malachit, Smaragd
Grippe	Amethyst, Jade, Smaragd, Tigerauge, Turmalin grün
Gürtelrose	Aquamarin, Bernstein, Chrysopras, Lapislazuli, Prasem, Saphir, Turmalin
Haarprobleme	Aventurin, Bergkristall, Bernstein, Koralle, Onyx, Perle, Sugilith
Hals	Aquamarin, Bergkristall, Bernstein, Chalcedon, Lapislazuli, Pyrit, Rutil, Sodalith, Topas blau, Türkis
Hämorrhoiden	Achat, Bergkristall, Hämatit, Heliotrop
Haß	Amethyst, Rhodochrosit
Haut	Amethyst, Aventurin, Bergkristall, Bernstein, Hämatit, Herkimer, Olivin, Rhodochrosit, Turmalin
Heimweh	Rosenquarz
Herz allgemein	Aventurin, Kunzit, Malachit, Rosenquarz, Smaragd, Turmalin
Herz beruhigen	Dioptas, Kunzit, Rhodochrosit
Herz stärken	Chrysopras, Kunzit, Opal, Smaragd
Heuschnupfen	Aquamarin, Bernstein, Hyazinth, Prasem, Rutil
Hexenschuß	Bergkristall, Bernstein, Magnetit
Hirnhautentzündung	Achat, Diamant, Saphir
Hirntumor	Onyx, Schörl
Hormonstörung	Bergkristall, Bernstein, Chalcedon, Mondstein, Smaragd, Sodalith, Topas blau
Husten	Aquamarin, Bernstein, Rutil, Tigerauge, Türkis
Hysterie	Amethyst, Bernstein, Chrysopras, Lapislazuli
Immunschwäche	Heliotrop, Labradorit, Smaragd, Sugilith, Turmalin
Impotenz	Chrysopras, Feueropal, Granat, Rubin, Zoisit
Infektion	Achat, Bergkristall, Bernstein, Sardonyx, Smaragd, Schörl
Insektenstiche	Achat, Lapislazuli
Intuition	Amethyst, Azurit, Lapislazuli, Saphir
Ischias	Bergkristall, Bernstein, Calcit, Magnetit, Malachit, Saphir
Jähzorn	Chalcedon, Chrysokoll, Saphir
Juckreiz	Aquamarin, Bernstein, Malachit
Kälte	Feueropal, Heliotrop, Obsidian
Karies	Calcit

Kehlkopf	Chalcedon, Lapislazuli, Saphir blau, Schörl, Topas blau
Keuchhusten	Aquamarin, Bernstein, Rutil
Kiefer	Aquamarin, Bernstein
Knochen	Calcit, Fluorit, Koralle, Mondstein, Obsidian, Opal, Perle
Knochenmark	Rhodochrosit, Sardonyx, Sugilith, Schörl
Koliken	Azurit-Malachit, Jade, Malachit
Kopfschmerzen	Amethyst, Bergkristall, Bernstein, Falkenauge, Hämatit, Lapislazuli, Saphir
Krampfadern	Amethyst, Hämatit, Heliotrop, Karneol, Magnesit
Krämpfe	Bergkristall, Diamant, Hämatit, Magnetit, Türkis
Krebs	Bergkristall, Fluorit, Herkimer, Opal, Rauchquarz, Smaragd, Schörl, Sugilith, Turmalin
Kreislauf	Granat, Hämatit, Koralle rot, Lapislazuli, Rosenquarz, Rubin, Smaragd
Lähmung	Bergkristall, Herkimer
Leberbeschwerden	Bernstein, Goldtopas, Heliotrop, Jade, Jaspis, Karneol, Smaragd, Zitrin
Leidenschaft zügeln	Amethyst, Saphir, Topas blau
Lethargie	Diamant, Karneol, Rubin
Leukämie	Bergkristall, Granat, Rubin
Liebe mangelnd	Kunzit, Rhodonit, Rhodochrosit, Rosenquarz, Saphir rosa, Turmalin rosa
Liebeskummer	Malachit, Rosenquarz
Lunge	Bernstein, Pyrit, Rutil, Türkis
Lymphe	Bergkristall, Bernstein, Lapislazuli, Mondstein, Smaragd, Sugilith
Magen	Bergkristall, Goldtopas, Heliotrop, Jaspis, Pyritsonne, Smaragd, Zitrin
Magersucht	Achat, Moosachat, Mondstein
Malaria	Bernstein, Smaragd, Schörl, Sugilith
Mandelentzündung	Aquamarin, Bernstein, Lapislazuli, Pyrit
Melancholie	Azurit, Olivin, Onyx, Saphir blau, Turmalin
Menstruation	Achat, Chrysokoll, Karneol, Malachit, Mondstein
Migräne	Amethyst, Bernstein, Hämatit, Jade, Falkenauge
Milchbildung	Achat weiß, Chalcedon, Malachit, Mondstein
Minderwertigkeitskomplexe	Amethyst, Lapislazuli, Rauchquarz
Mondsucht	Achat, Rosenquarz
Müdigkeit	Bergkristall, Zitrin
Multiple Sklerose	Malachit, Rhodonit, Rosenquarz, Schörl, mit Gold tragen
Mund	Aquamarin, Chalcedon, Lapislazuli
Muskelschwäche	Azurit-Malachit, Bernstein, Calcit, Fluorit, Obsidian, Perle, Türkis
Mutlosigkeit	Diamant, Granat, Rhodonit
Nackenverspannungen	Alexandrit, Aquamarin, Hämatit, Kunzit, Magnetit, Rutil
Nägel	Aventurin, Calcit, Koralle, Onyx, Perle
Narbenentstörung	Hämatit, Rosenquarz, Sugilith
Nasenbluten	Bergkristall, Hämatit, Karneol, Saphir
Neid	Amethyst, Labradorit, Rubin
Negativität	Chalcedon, Onyx, Schörl, Türkis
Nerven	Amazonit, Amethyst, Aquamarin, Bergkristall, Bernstein, Fluorit, Goldtopas, Lapis, Malachit, Schörl, Turmalin

Neuanfang	Rhodonit, Sugilith, Turmalinquarz
Neurodermitis	Bernstein, Olivin, Turmalin
Nieren	Bergkristall, Bernstein, Heliotrop, Jade, Karneol, Türkis, Zoisit
Nymphomanie	Diamant, Herkimer
Ödeme	Amethyst, Bergkristall
Ohnmacht	Lapislazuli, Sugilith
Ohrenschmerzen	Bernstein, Jaspis, Saphir, Schörl, Onyx
Parkinsonsche Krankheit	Kunzit, Malachit, Turmalin blau
Past-Life	Herkimer, Jade, Sugilith
Phantomschmerz	Bernstein, Magnetit
Pickel	Amethyst, Ametrin, Aventurin, Olivin
Pigmentierung	Chrysokoll
Pilzerkrankungen	Diamant, Malachit, Smaragd
Potenz	Chrysokoll, Diamant, Granat, Rubin
Prostata	Achat, Rauchquarz, Schörl
Puls	Magnetit, Moosachat
Rachitis	Bergkristall, Calcit, Koralle weiß, Perle
Raucherentwöhnung	Achat-Botswana, Rauchquarz
Reisekrankheit	Bergkristall, Turmalin
Rekonvaleszenz	Azurit, Hämatit
Rheuma	Bernstein, Karneol, Magnesit, Malachit, Smaragd
Röntgenstrahlen	Bergkristall, Sodalith, Schörl, Türkis
Rücken	Bergkristall, Bernstein, Hämatit, Magnetit, Pyritsonne
Ruhelosigkeit	Amethyst, Chrysokoll, Goldtopas, Jade
Schilddrüse	Aquamarin, Azurit, Bergkristall, Chalcedon, Chrysokoll, Rhodonit
Schlaflosigkeit	Amethyst, Jade, Padparadscha, Rosenquarz, Rutil, Topas blau
Schlaganfall	Diamant, Lapislazuli
Schmerzen	Amethyst, Bergkristall, Padparadscha, Rutil, Sardonyx, Turmalin
Schwäche	Jaspis, Koralle, Pyrit, Rosenquarz
Schwangerschaft	Achat, Amazonit, Jade, Jaspis, Mondstein, Olivin
Selbstmordgedanken	Bernstein, Rauchquarz, Turmalin, Zitrin
Selbstvertrauen	Bergkristall, Lapislazuli, Rhodonit, Turmalin
Sexuelle Probleme	Achat, Feueropal, Granat, Padparadscha, Rubin
Sodbrennen	Dioptas, Koralle, Pyritsonne, Smaragd
Sonnenstich	Bergkristall, Bernstein, Chrysopras, Jade, Lapislazuli, Smaragd
Spiritualität	Azurit, Fluorit, Lapislazuli
Stirnhöhle	Bernstein, Moosachat
Stoffwechsel	Amethyst, Aquamarin, Lapislazuli, Opal, Sodalith
Stottern	Chalcedon, Saphir, Turmalin, Türkis
Streß	Amethyst, Lapislazuli, Pyritsonne
Süchte	Amethyst, Rauchquarz, Sugilith, Topas
Tagträumereien	Obsidian
Thymusdrüse	Heliotrop, Jaspis, Smaragd
Transpiration	Saphir blau
Trauer	Amethyst, Hyazinth, Zitrin
Treue	Aquamarin, Lapislazuli, Padparadscha, Saphir blau
Tuberkulose	Magnesit, Perle, Turmalin
Tumor allgemein	Herkimer, Saphir, Smaragd, Schörl
Übelkeit	Achat, Bergkristall, Jaspis

Überanstrengung	Aventurin, Turmalin
Übergewicht	Amethyst, Howlith, Magnesit, Zitrin
Unausgeglichenheit	Amethyst, Chrysokoll, Herkimer, Malachit, Sugilith
Unterleib	Heliotrop, Jaspis, Karneol, Mondstein, Sugilith
Venen	Amethyst, Heliotrop, Karneol
Verbrennungen	Amethyst, Bergkristall, Jade, Lapislazuli, Smaragd
Verdauung	Bernstein, Feueropal, Goldtopas, Jaspis rot, Karneol
Vergeßlichkeit	Bergkristall, Diamant, Fluorit, Saphir blau, Selenit, Smaragd, Türkis
Vergiftungen	Diamant, Herkimer, Malachit, Smaragd
Verkalkung	Calcit, Chrysokoll, Granat, Koralle, Perle
Verletzungen	Chalcedon, Hämatit, Kunzit, Rosenquarz, Smaragd
Viruserkrankungen	Rubin, Smaragd, Sugilith, Tigerauge
Visionen	Amethyst, Aquamarin
Wachstum	Calcit, Malachit, Mondstein
Warzen	Lapislazuli, Peridot, Smaragd
Wasseradern	Amethyst, Bergkristall, Rosenquarz, Schörl
Wechselbeschwerden	Chalcedon, Sodalith, Sugilith
Wetterfühligkeit	Aquamarin, Obsidian, Onyx
Willen stärken	Amethyst, Diamant, Fluorit, Koralle
Wirbelsäule	Bergkristall, Bernstein, Hämatit, Labradorit, Magnetit, Pyritsonne
Wunden	Bergkristall, Chalcedon, Granat, Hämatit, Karneol
Wut	Amethyst, Goldtopas
Zahnfleisch	Aquamarin, Bernstein, Koralle
Zahnschmerzen	Aquamarin, Bernstein
Zeckenbisse	Achat, Amethyst, Bergkristall, Malachit
Zellen	Bergkristall, Labradorit, Magnetit, Rubin, Smaragd, Sugilith
Zirbeldrüse	Bergkristall, Diamant, Sugilith
Zittern	Calcit, Kunzit

Verzeichnis der Krankheiten und Beschwerden

Ablagerungsprozesse 35
Abwehrkräfte 27, 100
Akne 26, 100
Alkoholismus 100
Allergien 15, 96, 100
Altern, frühzeitiges 83
Anämie 56
Angina 75, 100
Angina Pectoris 100
Angst 26, 27, 38, 45, 57, 68, 77, 79, 97, 100
Anspannungen, nervliche 45
Anus 17
Arthritis 46, 56, 100
Asthma 32, 62, 83, 89, 100
Atembeschwerden 82
Atemprobleme 44, 76
Atemwege 28, 75, 76, 100
Atemwegserkrankungen 78, 91
Augen 18, 28, 42, 100
Augenerkrankungen 86
Augenleiden 52, 81, 83, 96
Augenprobleme 91
Ausscheidungsorgane 90
Ausscheidungsprozesse 72
Ausschläge 29, 34
Auszehrung 81

Babys 100
Bandscheibe 100
Bauchspeicheldrüse 18, 97, 100
Beine 51
Bewegungszentrum 89
Bindegewebe 77, 100
Blähungen 100
Blase 100
Blasenbeschwerden 17
Blasenerkrankungen 32, 49
Blasenleiden 17, 52
Blasentätigkeit 56
Blokaden 10, 17, 18, 27, 30, 31, 44, 50, 55, 62, 66, 82, 94, 100
Blut 13, 48, 56, 81
Blutarmut 48
Blutaufbau 46
Blutbahnen 42
Blutdruck 92, 100
Blutdruck, erhöhter 59
Blutdruck, hoher 87, 100

Blutdruck, nieder 81, 83, 100
Blutergüsse 74
Bluterkrankungen 48
Blutkreislaufstörungen 18
Blutprobleme 48
Blutreinigung 48, 81
Blutstillung 31, 36, 48, 55
Blutungen 34, 39, 83, 100
Blutvergiftung 100
Blutzirkulation 81
Brandwunden 31, 100
Bronchien 76
Bronchitis 32, 82, 89, 100
Brüche 35, 61

Cholera 62
Cholesterinspiegel 60

Darmstörungen 32, 97
Darmregulierung 31
Depressionen 27, 28, 45, 56, 57, 59, 68, 71, 77, 84, 97, 100
Diabetes 97, 100
Dickdarm 17, 100
Drogensucht 77
Drüsenerkrankungen 39, 100
Drüsenstörungen 28
Durchblutung 17, 43, 98, 100
Durchblutungsstörungen 55, 56, 67
Durchfall 13

Ekzeme 26, 29
Enddarm 17
Entbindung 23, 39, 54
Entschlackung 56, 60, 90, 100
Entwässerung 51, 52, 60
Entzündungen 59, 71, 100
Epilepsie 23, 39, 59, 86, 100
Erkältungen 82, 89, 101
Erkrankungen, fiebrige 81
Erschöpfung 45, 101
Erschöpfungszustände 94
Erstarrungsprozesse 35
Eßlust 54

Faltenbildung 50
Fehlgeburten 38, 101
Fettsucht 51, 60, 101

Fieber 32, 101
Fiebersenkung 83, 92
Flecken, blaue 80
Freßlust 51
Fruchtbarkeit 64, 101
Frühgeburten 38

Galle 101
Gallenbeschwerden 86
Gallenleiden 32
Gastritis 101
Gebärmutter 98, 101
Geburt 38, 52, 60, 101
Gedächtnisschwäche 35, 86
Gehörprobleme 67, 101
Geisteskrankheiten 44, 101
Gelbsucht 52, 59
Gelenke 42, 51, 89, 101
Gelenkserkrankungen 68, 74
Gelenksschmerzen 61
Gemütserkrankungen 46
Gemütsschwankungen 38
Geschlechtskrankheiten 26, 101
Geschlechtsorgane 26, 98
Geschmacksnerven 45
Geschwüre 83
Gleichgewichtsstörungen 23
Gicht 81, 86, 101
Grippe 52, 75, 101
Gürtelrose 52, 101

Haar 23, 56, 66, 67, 72, 101
Hals 10, 101
Halsbereich 36, 38
Halsentzündungen 18, 34
Halserkrankungen 91
Halsschmerzen 30, 92
Haltungsschäden 61
Hämorrhoiden 101
Haut 23, 56, 66, 67, 72, 101
Hautabschürfungen 74
Hautallergien 28
Hautausschläge 59
Hauterkrankungen 26, 83
Hautgewebe 77
Hautkrankheiten 29
Hautkrankheiten, allergische 74
Hautkrebs 86
Hautprobleme 31, 97
Hautunreinheiten 26, 48, 78, 83
Heiserkeit 30, 36

Herpes 52
Herz 10, 23, 25, 39, 41, 42, 45, 49, 57, 68, 79, 81, 92, 101
Herzbeschwerden 18, 24, 101
Herzerkrankungen 46, 80
Herzinfarkt 35
Herzprobleme 56, 71, 78, 98
Herzrhythmusstörungen 82
Herzschmerzen 82
Herzschwäche 86
Herzstörungen 44, 65
Herzzentrum 18, 62
Heuschnupfen 101
Hexenschuß 101
Hirnhautentzündung 101
Hoden 98
Hormonstörung 101
Husten 32, 75, 101
Hysterie 39, 101

Immunschwäche 88, 101
Immunsystem 18, 49
Impotenz 46, 55, 101
Infektionen 32, 77, 101
Infektionen, bakterielle 86
Infektionen, fiebrige 23
Innenorgane 27, 32, 43, 49, 54, 70
Insektenstiche 23, 59, 101
Ischiasbeschwerden 83, 101

Juckreiz 101

Karies 56, 101
Kehlkopfbereich 30, 36, 101
Kehlkopferkrankungen 83
Keuchhusten 102
Kieferbereich 18, 102
Kieferprobleme 28
Kleinhirn 8
Knochen 17, 42, 51, 66, 89, 102
Knochenbau 35, 56
Knochenerkrankungen 35, 56, 68, 72
Knochenmark 102
Koliken 52, 62, 81, 102
Konzentrationsfähigkeit 44, 79, 87, 89
Konzentrationsschwäche 55
Kopfschmerzen 25, 26, 32, 34, 92, 102
Kopfschmerzen, nervöse 59
Krampfadern 34, 49, 55, 102
Krämpfe 26, 61, 102
Krampflösung 25, 60

Krebs 88, 102
Krebserkrankungen 60, 61, 77, 78
Kreislauf 31, 39, 41, 102
Kreislaufbeschwerden 56, 57, 78
Kreislaufschwäche 32
Kreislaufstabilisierung 46
Kreislaufstörungen 44
Kupfermangel 91

Lähmung 102
Leber 48, 49, 89, 90
Leberbeschwerden 45, 78, 86, 102
Lebererkrankungen 96
Leberprobleme 55
Legasteniker 79
Leukämie 102
Lunge 42, 102
Lungenerkrankungen 91
Lymphe 64, 102

Magen 76, 102
Magenbeschwerden 52
Magengeschwüre 86
Magenkrämpfe 97
Magenstörungen 32
Magersucht 64, 102
Malaria 32, 86, 102
Mandelentzündung 30, 102
Mangelernährung 56
Masern 34
Menstruation 64, 102
Menstruationsbeschwerden 38, 56, 64, 81
Migräne 26, 32, 48, 52, 102
Milchbildung 36, 102
Milz 48, 49
Milzerkrankungen 96
Mondsucht 23, 102
Multiple Sklerose 62, 80, 102
Mumps 34
Mund 102
Muskelkrämpfe 68, 72
Muskelschwäche 58, 102
Muskelsystem 77

Nacken 8, 10
Nackenbereich 18, 25, 32, 38
Nackenverspannungen 28, 38, 48, 102
Nägel 51, 56, 66, 67, 72, 102
Nagelgeschwüre 78
Narben 48, 102
Narbengewebe 80

Nase 18
Nasenbluten 32, 83, 102
Nebenhöhlen 18
Nerven 89, 102
Nervenanspannungen 57
Nervenbahn 10
Nervenberuhigung 25, 74
Nervenerkrankungen 91
Nervenschmerzen 55
Nervensystem 10, 28, 29, 34, 36, 50, 65, 87, 92, 97
Nervensystem, zentrales 98
Nervosität 83
Neuralgien 52, 59
Neurodermitis 71, 102
Nieren 48, 49, 90, 103
Nierenbeschwerden 17
Nierenerkrankungen 96
Nierenleiden 52
Nierentätigkeit 56
Nymphomanie 103

Oberflächenverletzungen 74
Ödeme 103
Ohnmacht 103
Ohren 18
Ohrenkrankheiten 83
Ohrenschmerzen 32, 103
Operationen 30, 48
Osteoporose 35, 56

Parkinsonsche Krankheit 62, 103
Phantomschmerz 103
Pickel 103
Pilzerkrankungen 103
Potenz 103
Prellungen 74
Probleme, nervliche 41
Prostatabeschwerden 17, 23, 103

Rachitis 56, 103
Rauchsucht 77, 103
Regelstörungen 17
Regeneration 86
Reisekrankheit 103
Rekonvaleszenz 103
Reizbarkeit 57
Rheuma 32, 46, 55, 61, 62, 86 103
Rheumaerkrankungen 60
Rötungen 50
Rückenbereich 32, 103

Rückenbeschwerden 76
Rückenmark 8
Rückenmarkerkrankungen 84
Rückenschmerzen 48
Ruhelosigkeit 97, 103

Schilddrüse 18, 103
Schilddrüsenerkrankungen 38, 82, 83
Schilddrüsenfunktion 34, 36
Schizophrenie 77
Schlaf 25, 26, 27, 34, 70
Schlaflosigkeit 80, 83, 103
Schlafstörungen 15
Schlaganfall 59, 103
Schleimhäute 28
Schluckbeschwerden 18
Schmerz, körperlicher 27, 34
Schmerz, seelischer 27, 34
Schmerzen 31, 103
Schmerzen aller Art 23, 59
Schmerzlinderung 74
Schwäche 81, 103
Schwächezustände 60, 65
Schwangere 62
Schwangerschaft 23, 25, 54, 103
Schwellungen 51, 59, 64
Schwindel 83
Schwitzen, übermäßiges 83
Sehkraft 28, 31, 67
Sehschwäche 83
Selbstmordgedanken 77, 103
Sexualbereich 24, 103
Sexualorgane 55
Sexualtrieb 43, 46, 81
Sexualverhalten 79
Sodbrennen 103
Sonnenstich 103
Spasmen 48, 81
Stärkung, allgemeine 23
Stimmbänderprobleme 36
Stirnhöhlenprobleme 28, 103
Stoffwechsel 87, 103
Stoffwechselstörungen 96
Stoffwechselsystem 89
Stottern 18, 83, 91, 103
Strahlung von Elektrogeräten 80
Streß 27, 29, 41, 59, 76, 89, 103
Streßsituationen 78
Süchte aller Art 26, 77, 88, 103

Taubheit 32

Thymusdrüse 18, 49, 103
Tränenfluß 92
Transpiration 103
Trunksucht 77
Tumore 50, 83, 103

Übelkeit 13, 31, 54, 57, 103
Überanstrengung 104
Übergewicht 104
Unfruchtbarkeit 38, 52, 55, 56, 60
Unterleib 17, 42, 49, 54, 104

Venen 104
Verbrennungen 52, 74, 92, 104
Verdauung 66, 104
Verdauungsbeschwerden 52, 55
Verdauungsprobleme 27, 45
Verdauungstrakt 43
Vergiftungen 23, 50, 62, 84, 96, 104
Verjüngung 81, 86
Verkalkung 35, 46, 104
Verkrampfungen 41
Verletzungen 104
Verspannungen 32, 34, 57, 61
Verspannungen, nervöse 71
Verstopfung 97
Verwirrtheit 55
Viruserkrankungen 81, 104
Völlegefühl 97

Wachstum 18, 104
Wachstumsförderung 62
Wachstumsprozeß 64
Wadenkrämpfe 48
Warzen 29, 86, 104
Wasseradern 80, 104
Wassersucht 59
Wechselbeschwerden 87, 104
Wetterfühligkeit 28, 67, 104
Wirbelsäule 17, 25, 45, 61, 66, 76, 104
Wirbelsäulenverkrümmung 58
Wunden 36, 67, 104

Zähne 51
Zahnen 32
Zahnfleisch 56, 104
Zahnprobleme 28, 60
Zahnschmerzen 92, 104
Zeckenbisse 104
Zellen 13, 61, 82, 104
Zittern 104

Verzeichnis der angeführten Mineralien

Achat 14, 17, 19, 23
Alexandrit 24
Amazonit 14, 25
Amethyst 14, 19, 21, 26, 35, 97
Ametrin 27
Aquamarin 14, 18, 21, 28
Aventurin 14, 19, 29
Azurit 30

Bergkristall 10, 12, 13, 14, 15, 17, 21, 31, 50, 77, 82, 95
Bernstein 14, 18, 19, 32, 33
Blauer Topas 18, 21, 34
Beryll 19
Blutjaspis (siehe Heliotrop)
Blutstein (siehe Hämatit)

Calcit 14, 35
Chalcedon 14, 18, 19, 36, 37, 49, 84
Chrysokoll 12, 19, 38
Chrysolith (siehe Peridot)
Chrysopras 14, 21, 39

Diamant 10, 12, 13, 14, 15, 17, 19, 40
Dioptas 41

Epidot 18

Falkenauge 14, 42
Feueropal 43
Fluorit 14, 21, 44

Goldtopas 45
Granat 14, 17, 19, 46, 47

Hämatit 14, 19, 48, 49
Heliotrop 14, 17, 19, 49, 54
Herkimer Diamant 13, 15, 50
Howlith 14, 51, 60
Hyazinth (siehe Zirkon)

Jade 14, 52, 53
Jadeit (siehe Jade)
Jaspis 14, 19, 54

Karneol 14, 17, 19, 21, 55
Koralle 14, 19, 56
Kunzit 14, 19, 57

Labradorit 14, 58, 64
Lapislazuli 14, 18, 21, 59, 87

Luvulith (siehe Sugilith)

Magnesit 14, 51, 60
Magnetit 14, 61
Malachit 15, 19, 62, 63
Markasit (siehe Pyrit)
Mondstein 14, 19, 64
Moosachat 14, 19, 65

Obsidian 17, 21, 66
Olivin (siehe Peridot)
Onyx 14, 15, 17, 21, 67
Opal 14, 15, 19, 21, 68, 69

Padparadscha 70
Peridot 14, 71
Perle 14, 15, 19, 72, 73
Prasem 15, 74
Pyrit 14, 59, 75
Pyritsonne 12, 76

Rauchquarz 14, 21, 77
Rhodochrosit 14, 18, 19, 78
Rhodonit 14, 79
Rosenquarz 12, 14, 19, 80
Rubin 14, 17, 19, 81, 98
Rutil 14, 82
Rutilquarz 21, 82

Saphir 14, 19, 21, 70, 83
Sardonyx 19, 84
Schörl (siehe Turmalin schwarz)
Selenit 85
Smaragd 14, 18, 19, 41, 86
Sodalith 14, 21, 87
Spektrolith (siehe Labradorit)
Sugilith 17, 19, 88

Tigerauge 19, 42, 89, 90
Tigereisen 14, 90
Topas 13, 14, 18, 19, 21, 34, 45
Türkis 12, 21, 51, 91
Turmalin 14, 18, 19, 21, 92, 93
Turmalinquarz 14, 95
Turmalin schwarz 12, 94

Unakit (siehe Epidot)

Zirkon 14, 19, 21, 96
Zitrin 18, 19, 27, 97
Zoisit 98

Empfehlenswerte Literatur

Ursprung und Geheimnis der Edelsteine
Christian Weltler
Aquamarinverlag, Grafing bei München

Edelsteine und Sternzeichen
Shalila Sharamon und Bodo Baginski
Windpferd Verlag, Aitrang

Wissende Kristalle
Katrina Raphaell
Ansata Verlag, Interlaken

Edelstein- und Kristalltherapie
Jane Ann Dow
Ansata Verlag, Interlaken

Reiki mit Edelsteinen
Ursula Klinger-Raatz
Windpferd Verlag, Aitrang

Von Edelsteinen und Perlen
Prof. Dr. Hermann Bank
Pinguin-Verlag, Innsbruck

Das große Mineralienbuch
Prof. Dr. J. Ladurner
Pinguin-Verlag, Innsbruck

Raum für Notizen

Raum für Notizen